마인드풀 러닝:
케냐 이텐에서 찾은
나를 위한 달리기

마인드풀 러닝 :
케냐 이텐에서 찾은 나를 위한 달리기

김성우

노사이드

러너라고 해서 1마일을 4분에 달리거나
마라톤을 네 시간 안에 완주해야만 하는 건 아니다.
중요한 것은 달리고 달리는 것,
그러면서 때로 고통을 겪는 일이다.
그러다 보면 어느 날 문득 길을 달려가다가
자신을 자유롭게 하는 대우주의 질서와
법칙과 진실을 발견하게 될 것이다.
바닷가 길을 달리는 사람이라면
그 누구에게라도 일어날 수 있는 일이다.

- 조지 쉬언, 「달리기와 존재하기」

Haraka haraka,
haina baraka
서두르는 것에는
축복이 없다

내 몸을 움직이는 게 즐겁다.
이렇게 움직이면서 숨을 쉬고
내가 존재함을 느끼는 게 좋다.

차례

프롤로그 17

I. 케냐에서 배운 러너스 하이 50

1 케냐 여자 마라톤 국가대표 선수들과 달리고 있는 나 53

2 "여름에 케냐는 왜 가는 거야?" 57

3 빠름의 비밀은 나의 속도로 달리는 것에 있었다 61

II. 케냐로 향하다 66

1 철이 덜 든 청년의 꿈 69
- 펜실베이니아주 랭커스터 풀밭에서 달리기에 빠지다
- 달리기 영웅들을 파헤치다
- 케냐를 꿈꾸다

2 케냐 이텐으로 가다 87
- 카사라니에서의 생활
- 태권도 선수 대니얼과 함께 천천히 달리다
- 이텐, 챔피언들의 고향

3 케냐 마라토너들의 마음가짐 103
- 내가 만난 케냐 마라토너들
- 케냐 마라톤의 성공 요인: 일상으로서의 달리기
- 케냐 마라톤의 성공 요인: 몸에 무리가 덜 가는 흙길과 풀밭
- 케냐 마라톤의 성공 요인: 사회적-경제적 성공을 이룬
  롤모델의 등장
- 그들이 달리기를 대하는 마음가짐과 관점
- pole, pole 천천히 천천히
- Haraka Haraka haina baraka, 서두르는 것에는 축복이 없다

III. 케냐에서 만난 사람들 122

1 케냐 마라톤의 대부, 브로콤 125
- 안정 대신 모험을 선택하다
- 케냐의 올림픽 보이콧이 브로콤에게 선물이 되다
- 선수이기 전에 사람입니다

2 아테네 마라톤 2회 우승자, 레이 147
- 살아남기 위해 달리기 시작하다
- 균형과 지속의 비결, 적당함 그리고 휴식

3 같이 달릴 때 우리는 하나, 헬라와 데이비드 부부 159
- 목표를 세우고 그 목표를 이루다
- 달리기를 통해 우리는 하나가 된다

4 달리기를 즐기도록 가르치는 육상 코치, 자밀 171

IV. 일상으로 돌아오다 178

- 욕심을 내다 슬럼프에 빠지다
- 하루빨리 그들처럼 뛰고 싶었다
- 처음 달리기를 시작한 이유로 돌아가서
- 나만의 달리기를 찾아서
- 최고의 달리기 방법을 잊고, 있는 그대로의 나를 바라보자
- 달리기에는 정답도 공식도 없다

에필로그

두번째 케냐: 모험에 대한 열망과 안정적인 삶에 대한 욕구 사이에서

- 모험에 대한 열망과 안정적인 삶에 대한 욕구 사이에서
- 따라가려 하지 말고, 나의 최선을
- 하쿠나마타타
- 나만의 중심을 잡고 천천히
- 꾸준함과 감사함으로
- 토요일 아침 5시 55분에 109분 달리기 하는 방법

프롤로그

어머니는 태몽으로 길을 걷다 과일을
주우셨다고 했다. 내 생각엔 과일이
아니라 축구공이었던 것 같다.

걸을 수 있을 때부터 4살 위 형과
아버지와 함께 매일 축구를 했다.
어머니는 지금도 가끔 흙과 땀으로
가득한 세 남자의 축구복 빨래를 웃픈
추억인 듯 이야기하신다.

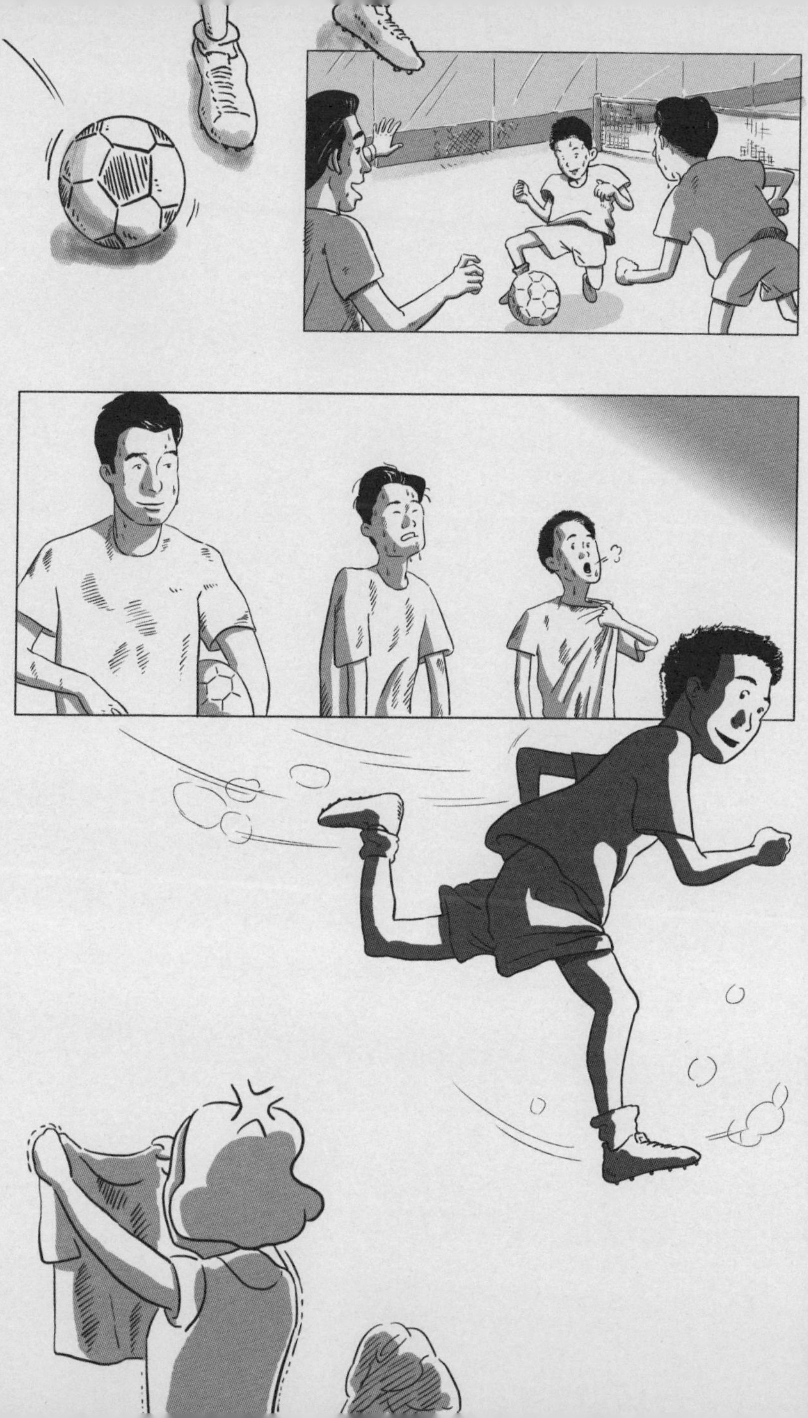

학창 시절은 정말 즐겁지 않았다.
학교에선 이미 정해진 과목들을
공부하고, 방과 후에는 학원에서
시험에 나올 법한 내용만 익히고
외우기를 반복했다. 이게 다 무슨
의미가 있나 싶었다. 친구들과의
좋은 추억이 남긴 했지만, 우리 모두
'학교'라는 공장에서 찍혀 나가는
생산품 같았다.

어느 날 미국 교환학생 설명회에
다녀오신 어머니께서 내게 관심이
있는지 물으셨다. 미국에선 내가
공부할 과목을 선택할 수 있고,
방과 후에 축구부에서 운동도 할 수
있다고 하니 가고 싶어졌다. 실제로
억지로 공부를 시키지 않으니 공부가
재밌어졌고 성적도 좋았다. 축구를
매일 체계적으로 할 수 있어서
행복했다.

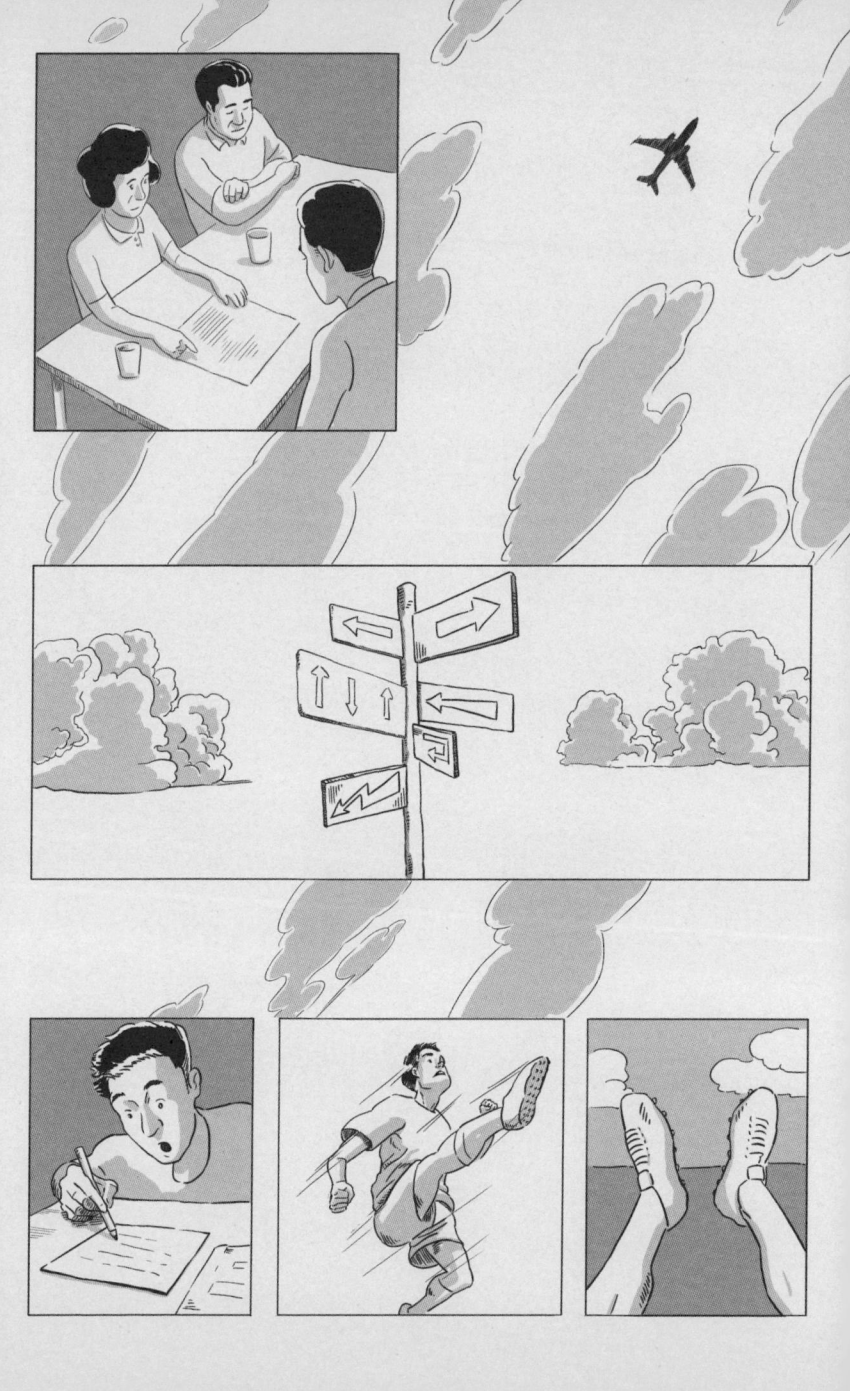

유학 생활 도중 2008년 금융위기로
인해 어려움이 있었지만, 당시
고등학교 교장님을 간곡히 설득해
장학금을 받아서 졸업할 수 있었다.
감사하게도 대학교 역시 장학금을
받아 진학할 수 있었다.

대학교에서는 세상에 좋은 일을 할
수 있는 사람이 되고 싶다는 생각에
물리학을 전공했다. 성적은 좋았고,
축구도 학교 대표팀에서 했으며,
친구들과의 관계도 좋았다. 그런데
막상 이게 내가 원하는 삶인지
의문이 들었다.

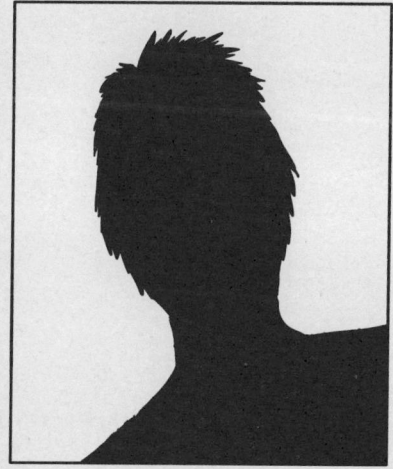

축구 경기 중에 뇌진탕으로 쓰러졌던
친구는 갑자기 미술을 시작하며
행복해했고, 미국 원주민 자녀들을
위해 자신이 만든 농구 프로그램을
운영하는 친구는 항상 열정으로
가득차 있었다. 나는 겉으로 보기에는
잘 살고 있었지만, 내가 어디로 가고
있는지, 내 삶의 의미를 몰랐다.

그러던 중 당시 사귀고 있던
여자친구와의 이별은 나에게 큰
충격을 주었다. 내 삶에 대한 깊은
의문에 답을 찾지 못한 상태에서의
이별은 우울증을 삶으로 불러들였다.

담배를 배우고 매일 술을 마시며
방황하기 시작했다. 세상은 어두웠고
부정적인 생각이 끊이지 않았다. 학교
정신과 상담도 받았지만 전혀 도움이
되지 않았다.

대학교 졸업 후 농경지대인
랭커스터에서 대학원 학비를 벌기
위해 과외일을 했다.

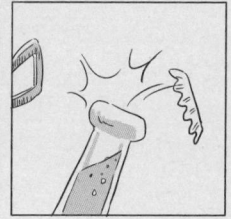

그러던 도중 친구 집에 놀러 갔다가 책장에서 달리기에 관한 책을 하나 발견했다. 달리기 같이 원초적인 움직임에 대한 책이 있는 게 신기해서 들춰보다가, 한숨에 다 읽었다. 책에서는 맨발 달리기와, 한 번에 160km를 넘게 달리는 러너들에 대한 이야기가 있었다. 나도 지금 당장 달려봐야겠다는 충동이 들었다.

랭커스터로 돌아오자마자 앞 마당의
풀밭에서 맨발로 달리기 시작했다.
한 발자국, 두 발자국... 그저 맨발로
달리는 것 뿐이었는데, 내 몸과 정신은
그 움직임에 몰입하며 즐거워했다.

매일 달리면서, 달리는 움직임을 계속
연습하고 경험했다. 들이쉬는 숨,
격렬히 운동하는 심장, 발바닥으로
느껴지는 흙... 달리는 동안에는
부정적 생각이 끼어들 순간이 없었다.
달리는 동안에는 과거나 미래가 아닌
그 순간만을 살고있는 나를 만날 수
있었다. 새로운 삶에 대한 용기가
생겨났다.

달리기를 꾸준히 하면서 달리기에
대해 더 공부하고, 세계에서 가장 빨리
달리는 사람들은 어떻게 달리는지
궁금해졌다. 많은 케냐 선수들이
세계적인 대회에서 우수한 성적을
거두는 것을 알고는, 지인의 지인의
지인을 통해 케냐의 이텐 마을에서
훈련하는 현지 마라토너와 연결이
닿았다. 대학원의 유일한 여름 방학을
케냐에서 보내는 것이 비상식적이긴
했지만, 내 직감을 따라 모험을 하기로
했다. 부푼 가슴을 끌어안고, 달리기의
성지 케냐 이텐 마을로 향했다.

I

케냐에서 배운 러너스 하이

1 케냐 여자 마라톤 국가대표 선수들과 달리고 있는 나

<u>2015년 7월의 어느 날 아침,
케냐 이텐 마을¹의 옥수수밭 사이 흙길 위</u>

'더는 안 되겠다…'

어제와 같이 40분 정도 가볍게 뛰는 것인 줄 알았는데, 달린 지 1시간이 지나고 있다. 전날 저녁을 너무 가볍게 먹어서일까? 걷고 싶다. 금방이라도 빨간 흙길 위에 주저앉고 싶다. 힘을 내려 해봐도 더 지치기만 하고, 몸은 갈수록 무거워진다. 목이 마르고 숨이 벅차다.

이런 나와는 다르게, 한 달 후에 있을 2015년 베이징 세계 육상 대회에서 케냐의 마라톤 대표로 출전하는 에드나 키플라가트(Edna Kiplagat), 헬라 킵롭(Helah Kiprop)²*, 자넷 로노(Janet

---

1   수백 명의 케냐 달리기 선수들이 살고 훈련하는 마을로, '달리기의 성지'로 불린다. 2019년 5월에 세계 육상 협회(IAAF)에서 'Global Heritage Site'로 지정하기도 했다.

2   헬라는 2015년 베이징 세계 육상 대회 마라톤에서 은메달을 받았고, 에드나는 5위를 했다. 헬라는 2016년 도쿄 마라톤에서는 코스 기록을 경신했고, 에드나는 37세의 나이로 2017년 보스턴 마라톤을 우승하며 많은 사람을 놀라게 했다. 헬라와 에드나는 2017년 런던 세계 육상 대회에도 케냐 대표로 출전하였고 에드나는 은메달을, 헬라는 7위를 기록했다.

Rono) 선수들은 내 옆에서 아주 편안한 표정으로 달리고 있다.

"여러분, 먼저들 가세요. 킬루(Keellu)[3]에서 만나요."

포기를 선언하고 나니, 바로 힘이 빠진다. 하지만 천천히 뒤로 처지는 나를 두고 가지 않을 모양이다. 헬라가 속도를 줄이면서, 갑작스레 진지한 표정을 짓는다.

"No Sung, we go together. You can do it!"
(포기하지마 성우, 같이 가는 거야. 할 수 있어!)

헬라는 이미 포기해버린 나를 쳐다보며 손짓한다. 같이 가자고. 할 수 있다고.

더는 뛸 수 없다고 이미 포기해버렸는데. 그녀의 눈빛에는 내가 할 수 있다는, 흔들림 없는 믿음이 담겨 있다. 부끄럽다. 달리기를 위해 케냐까지 왔는데.

헬라의 응원을 받아, 새롭게 마음을 다진다. 일단 숨을 고른다. 명치 아랫부분에 공기를 채운다는 느낌으로 코를 통해 숨을 들이

---

[3] 2021년 1월 기준, 세계 마라톤 기록 8위(2시간 3분 13초) 윌슨 킵상(Wilson Kipsang)이 운영하는 호텔이며, 당시 마라톤 대표들이 묵던 곳이다.

마시고, 잠시 멈춘 뒤 내쉰다. 한 번, 두 번, 세 번. 호흡을 깊게, 의식적으로 하는 것만으로도 몸에 기운이 돌아오는 것이 느껴진다.

다음은 자세. 턱을 가볍게 당겨 허리와 목을 곧게 하고, 폐가 더 많은 산소를 받아들일 수 있도록 웅크렸던 가슴을 연다. 어깨와 목의 긴장을 풀고, 아랫배 근육에 적당한 힘을 준다. 골반은 오리 엉덩이처럼 뒤로 쭉 빼거나 너무 앞으로 접히지 않은 중립적인 상태로 둔다. 팔은 약간의 힘을 준 상태로, 다리의 리듬을 주도한다.

보폭은 길지도 짧지도 않게, 가장 자연스럽고 가벼우면서도 힘차게 한다. 내 몸이 중력에 의해 앞으로 기울어지는 것을 느끼면서, 발목을 유연하게 한다. 발바닥의 중간이 땅에 닿으면, 엉덩이와 허벅지 뒤 근육의 힘으로 땅을 밀며 나를 앞으로 이동시키는 것을 느낀다. 흐름이 끊기지 않도록, 땅을 밀어낸 발뒤꿈치가 엉덩이에 살짝 닿는 느낌으로 재빨리 끌어당긴다. 이렇게 호흡에 집중하며, 내 몸 이곳저곳을 이완하고 점검하다 보니 몸이 가벼워진다. 곧 배 근육을 중심으로, 온몸이 하나가 되어 달리고 있다.

포기하려 할 때보다 빨리 달리고 있는데도 힘들지 않다. 나의 마음은 어떠한 생각도 하지 않고, 그저 달리는 이 순간에만 있다.

내가 달리는 것이 아니라 달리기가 저절로 된다. '지금'에 집중하며 달릴 때 느낄 수 있는 무아지경. 제법 빠르게 공간을 이동하면서도 평안하다. 매 순간이 살아있음으로 충만하다. 자유로움을 만끽하면서도, 그 자유로움에 취하지 않는다. 조금 전만 해도 얼굴을 찡그리며 고통스럽게 달리던 내 입가에는 어느새 작은 미소가 걸린다.

아침 조깅의 끝 지점을 800m 정도 남겨두고, 여자 선수들은 속력을 올린다. 나도 무리하지 않으면서 속력을 최대한 올려본다. 마지막으로 도착하는 나를 향해 그들은 엄지손가락을 치켜세우며, 순수한 눈망울과 하얀 이가 돋보이는 미소를 보낸다.

같이 달리는 동안 우리는 나이, 국적, 마라톤 경험, 피부색, 성별 등 사람을 구분하는 모든 경계를 초월하며 달리기가 선물하는 살아있는 기쁨과 순간의 충만함을 공유했다. 나 역시 몸에 기쁨이 가득 찬 채로, 잇몸이 드러나 보이는 큰 웃음으로 화답한다.

2 "여름에 케냐는 왜 가는 거야?"

<u>2015년 5월의 어느 날,</u>
<u>미국 캘리포니아 스탠포드 대학 캠퍼스</u>

부모님께 걱정을 많이 끼쳐드렸다. 개인적으로 돈을 빌려서 대학원 공부를 시작한 아들이 경력을 쌓을 수 있는 유일한 여름방학 동안 좋은 회사에서 인턴을 하기는커녕, 달리기하러 케냐에 간다고 했으니…

대신 이텐으로 향하기 전 나이로비(케냐의 수도)에서 4주 동안 현지 태양광 에너지 회사에서 인턴을 하기로 했다. 그런데 부모님께서는 그 회사에서의 경험이 진로에 도움이 될 수 있겠냐고 물으셨다. 달리기는 어디서도 할 수 있으니, 학교 주변의 좋은 회사에서 인턴을 하는 것이 어떻겠냐고 조언하셨다. 주변 친구들도 내가 '아프리카'에 가려는 걸 부러워하고 신기해하면서도, 결국 하는 말은 비슷했다.

"달리기는 여기서도 할 수 있잖아. 꼭 케냐까지 가야 해?"

물론 나도 비슷한 생각을 하지 않았던 것은 아니다. 당시 나는 환경공학 석사 과정을 밟으며 신재생에너지 분야를 공부하고 있었고, 학교 주변에 있는 솔라 시티(Solar City), 테슬라(Tesla) 등 신재생에너지 관련 유망한 회사들에 많은 관심을 두고 있었다. 대학원 생활의 유일한 여름 동안 이러한 회사의 인턴으로 들어가 앞으로의 경력에 도움을 줄 수 있는 경험과 인연을 쌓으며 기술을 배우는 것이 가장 이성적이고 합리적인 선택이었다. 더욱이 스물여섯의 내가 케냐에 한두 달 다녀오는 것만으로 갑자기 세계적인 마라톤 선수로 성장하여 달리기로 먹고살 길을 만들어나갈 확률은 1%, 아니, 0.1%도 되지 않았다.

하지만 먹고살 길을 만들기 위해 케냐에 가고 싶었던 것이 아니었다. 나는 세계 최고의 달리기가 어느 수준이고 어떤 모습인지, 직접 보고 같이 뛰면서 경험해보고 싶었다. 그들과 나의 수준 차이가 궁금했고, 그것을 피부로 직접 느껴보고 싶었다. 케냐 선수들은 어떤 마음가짐으로 달리는지, 달리지 않을 때는 무엇을 하는지 궁금했고, 그들이 먹는 음식을 먹으며 그들의 일상을 같이 살아보고 싶었다. 그렇게 지구에서 달리기를 가장 잘하는 이들과 함께하다 보면 그들이 느끼는 달리기의 깊이를 경험하고, 그들이 가진 '빠름'의 비밀을 훔쳐 올 수 있을 것 같았다.

또한, 나는 새로운 삶을 갈망하고 있었다. 대학교를 졸업할 때가 되어서야 지금껏 내가 잘못 살았다는 것을 깨달았다. 정말로 하고 싶은 것을 선택하고 실행에 옮겼을 때 발생하는 결과에 책임을 지는 것을 회피하며, 실패할 가능성이 상대적으로 낮은 길을 선택하면서 '남들이 보기 좋은 삶'을 살아왔던 것이다. 겉으로는 보기 좋았지만, '진짜 나'가 없는 '가짜 삶'이었다.

새로운 삶을 위해서는 지금까지의 삶의 방식에서 벗어나야 했다. '지금까지의 나'가 익숙한 것과는 완전히 다른 환경에 나를 던져야 했다. 한국과 미국과는 완전히 다른 삶의 속도와 모습을 가진 케냐는 나에게 새로운 삶의 방향을 제시해 줄 수 있을 것 같았다.

그래도 여전히 학교 근처에 남아서 일을 하는 것이 논리적으로는 맞았기에, 쉽게 결정을 내리지 못했다. 하지만 세계 최고의 달리기와 새로운 나에 대한 열망이 매일 케냐를 꿈꾸게 했다. 이 꿈은 마라톤과 이텐에 관한 모든 책과 기사, 그리고 동영상을 섭렵하는 것만으로는 아무것도 충족되지 않았다.

내 심장이 쿵쿵 뛰면서 직접 가서 살아보고 달리고 도전해야 한다고 나를 흔들었다. 중고등학교 시절 축구 선수를 하고 싶었던 때, 대학교 1학년 시절 예술과 철학을 공부하고 싶었던 때, 심장이 이런 식으로 말을 걸어온 적이 있었다. 그때는 모두 무시했지만, 이번 기회를 놓치면 심장이 다시는 나에게 이야기할 것 같지 않았다.

지금껏 이어온 선에서 손을 떼고, 새로운 점을 찍어보기로 했다. 이 점이 지금껏 내가 살아온 삶과 어떻게 연결될지 아무도 모를 일이었다. 괜찮았다. 달리기와 새로운 삶에 대한 나의 열망을 온전히 살아낸다면, 이 경험은 내 삶의 일부분이 될 것이라 믿었다.

3 빠름의 비밀은 나의 속도로 달리는 것에 있었다

2019년 10월의 어느 날 새벽 1시 33분,
서울 송파구 방이동

지금 이 글을 쓰고 있는 나는 세계적인 마라톤 선수가 아니다. 올해 3월까지는 직장인이었고, 그 이후로는 달리기 콘텐츠를 만들며 '마인드풀 러닝'을 실천하고 교육하는 러너 및 코치로서 활동하고 있다. 나의 일상은 개인 훈련 및 콘텐츠를 만드는 작업과 다양한 달리기 클래스를 열고 기업들과 협업하는 시간으로 대부분 채워진다. 새로운 취미와 삶의 즐거움을 위해 시간을 내어 그림을 그리고 프로그래밍을 연습하기도 한다.

케냐에 다녀왔다고 해서 더욱 빨라지지도 않았다. 케냐 사람들에게서 '빠름'의 비밀을 찾지도 못했다. 대신 그 못지않게 중요한 '느림'을 배웠다.

케냐 달리기의 '비밀'이라고 한다면, 꾸준한 훈련과 수년간의 희생과 인내라고 해야 할 것 같다. 세계적인 케냐 선수들은 수년 동안 달리기에만 집중하며 수도승만큼이나 철저한 생활을 이어 나간 선수들이었다. 꾸준함과 인내. 우리들 누구나 알고 있으면서도 실천하기 힘든 것들이 비밀이었다.

    2015년 여름 케냐에 처음 방문한 이후, 올해 봄에 케냐에서 가장 오래된 육상 캠프에서 3개월간 머물렀다. 그래서인지 이텐 마을에서 했던 달리기와 생활이 마치 어제의 기억처럼 생생하다.

    해발 2,400미터, 흙으로 된 육상 트랙 위에서 1km를 3분 이내로 달리는 훈련을 10번 이상 해내는 케냐 마라토너들. 그들과 같이 하루에 최소 2번, 많게는 3번을 달렸다. 훈련 후에는 낮잠을 자거나 풀밭에 앉아 차를 마셨다. 그렇게 쉬는 동안 달리는 사람으로써의 몸과 마음을 가꾸었고, 그들의 헌신과 열정을 몸소 배울 수 있었다.

    그날 밭에서 막 따온 신선한 채소, 양파, 토마토를 곁들인 '스쿠마 위키'(sukuma wiki), 햇볕에 말린 옥수수를 갈아 물과 같이 끓인 후 손으로 떼어 먹는 '우갈리'(ugali), 그리고 현지에서 참 많이 먹었던, 하나에 100원이 채 안 되던 아보카도와 망고를 생각하면 지금도 입에 군침이 돈다.

    수도꼭지나 샤워기가 없어 아침에 큰 바구니에 물을 떠다 놓고 햇볕에 둔다. 저녁 즈음에 적당히 데워지면 그 물로 샤워를 할 수 있었다. 샤워한 뒤 풀밭에서 바람과 수건에 몸의 물기를 말릴 때 느껴지던 고지대의 시원한 공기와 밤하늘의 달과 별이 요즘도 생각난다. 살아가는 데에 그렇게 많은 것이 필요하지 않다는 것을 몸소 경험한 소중한 시간이다.

케냐 마라토너들은 훈련을 시작할 때와 끝낼 때, 걸음걸이와 비슷한 속도로 매우 신중하게 '달린다'. 그들은 그렇게 느리게 발돋움을 하며, 그 순간 자신의 몸이 지면과 어떻게 반응하는지 집중한다. 몸의 이곳저곳 근육과 관절의 작동을 느끼며, 자신의 달리기를 계속 발전시켜나간다.

그들은 억지로 빨리 뛰려 하지 않고, 빠름이 저절로 드러날 때까지 천천히 달리며 기다릴 줄 안다. 목표를 이루기 위해 많은 시간 동안 무리하지 않고 기본을 쌓아야 하는 것을 이해한다. 케냐 마라토너들이 빠른 이유는, 남들과 비교하지 않고 자신의 속도로 달릴 줄 아는 여유와 지혜가 있기 때문이 아닐까 싶다.

물론 나의 속도로 달리는 것은 쉽지 않다. 주변 사람들의 시선이나 기준에 맞추기 위해, 혹은 욕심 때문에 무작정 빨리 달리려는 실수를 나도 많이 범했다. 하지만 나의 속도로 달리다 보면 내가 즐겁고 행복한, 나를 위한 달리기를 발견하게 되고, 자연스레 달리기도 잘하게 된다. 나를 있는 그대로 바라보며 인정할 수 있고, 내가 행복한 삶의 방식을 선택하는 용기와 인내심도 얻을 수 있다.

달리다 보면 잊고 있던, 혹은 새로운 나를 만난다. 과거를 후회하는 나를 만나기도 하고, 미래를 기대하는 나를 만나기도 한다. 힘든 상황에서 굴복하는 나를 만나기도 하고, 정말이지 포기하고 싶은 상황에서 조금만 더 가보자 용기를 내는 나를 만나기도 한다. 예전까지 힘들어했던 거리를 코로만 숨을 쉬면서도 힘차게 잘 달리는, 새롭게 성장한 나를 만나기도 한다.

그런데 가장 황홀한 순간들은 내가 사라진 순간들이다. 과거에 대한 후회나 미래에 바라는 것 없이 그저, 달리는 그 순간에 몰입된 그때. 그 순간에는 내가 없고 세상도 없고, 달리는 경험 그 자체만 영원처럼 존재한다. 그렇게 '지금'만 존재하는 달리기는 우울증으로부터 나를 되찾게 해주었고, 내가 원하는 삶을 선택하고 책임질 용기를 주었다.

이런 달리기를 한 사람이라도 더 경험하고 실천할 수 있다면 좋겠다는 마음으로 이 글을 썼다. 그렇기에 이 책의 진정한 주인공은 지금 이 글을 읽고 있는 당신이지, 케냐의 마라토너들이나 코치들, 달리기, 혹은 내가 아니다.

이 책이 이미 달리기를 하는 분에게 더욱 즐겁고 행복한 '나의 속도로 지금에 집중하는 달리기'를 할 수 있는 영감을 주면 좋겠다. 달리기를 막 시작하려는 분에게는 달리기가 주는 '살아있음'의

경이로움과 신비를 더욱 자주 느낄 수 있도록 길잡이 역할을 해주면 좋겠다.

달리기에 아예 관심이 없던 분이 이 책을 읽고 '와, 나도 한번 달려보고 싶다'라는 마음이 생겨, 오래된 운동화의 끈을 묶고 천천히 문밖으로 나가길 바라본다. 한때 달리기를 즐기고 사랑했지만, 지금은 달리기가 힘들고 버거운 분들이 이 글을 통해 자신만의 달리기를 시작하고 달리기의 즐거움을 다시 찾게 되기를 바란다.

그리고 무엇보다 당신이 오랜 시간 동안 가슴 속에 품어왔던 꿈을 살아보기 위한 모험을 떠날 용기를 찾게 된다면, 그보다 기쁜 일은 없을 것이다.

삶은 우리의 생각보다 길면서도 짧기에, 우리의 열망을 살아내기 위한 최적의 순간은 바로 지금이다.

ND
II
케냐로 향하다

1 철이 덜 든 청년의 꿈

펜실베이니아주 랭커스터 풀밭에서 달리기에 빠지다

우연히 '달리기의 맛'에 빠지게 된 건 2013년 여름이었다. 당시 대학을 갓 졸업한 나는 한적한 시골에서 쉬엄쉬엄 생활하면서 대출받은 학자금도 갚을 수 있는 일을 찾고 있었다. 마침 펜실베이니아주 랭커스터(Lancaster)에서 하숙하며 과외를 할 기회가 생겨 그곳에서 지내기로 했다.

아침에 등교한 학생들이 집으로 돌아오는 오후 4시까지는 꽤 여유로웠다. 이 시간 동안 다양한 책을 읽고, 통기타를 연주하고, 마당에서 축구 연습을 하면서 베짱이처럼 지내곤 했다. 그때 우연히 「본 투 런(Born to Run)」이라는 책을 발견하면서 나의 달리기가 시작되었다.

책을 펼친 순간부터 눈을 뗄 수 없었고, 결국 3일 만에 다 읽어 버렸다. 오래전부터 맨발로 뛴 인류가 자신보다 더 빠른 동물들을 아무런 도구도 없이 계속 따라다니며 지치게 만들어 사냥했다는 이야기를 보고 이런 생각이 들었다. '나는 왜 지금까지 신발을 신고 다녔을까?'

지금도 멕시코 북서 지방에서 달리기 축제를 한다는 라마우리

부족 이야기도 흥미로웠다. 그들의 자유로운 달리기를 향한 커다란 동경이 생겼다. 나도 그들처럼 오래, 빨리, 자유롭게 달려보고 싶었다.

책을 다 읽은 후, 무엇이든 직접 해 봐야 직성이 풀리는 나는 하숙집 뒷마당에서 맨발로 뛰어보기로 했다. 대학 시절, 학교 축구부에서 선수 생활을 할 때도 훈련이나 경기가 끝난 다음 발 근육들을 풀어주기 위해 맨발로 5~10분 정도 조깅을 하곤 했다. 하지만 30분 이상 맨발로 쭉 달려본 적은 없었다. 맨발로 오랫동안 뛰면 어떤 느낌이 들지 상상하며 운동복으로 갈아입고는 성큼 밖으로 나갔다.

오전 11시. 아직 그늘이 드리운 풀밭은 이슬이 맺혀 시원했다. 맨발로 뒷마당에 내려가 축구공을 저글링하고 드리블을 연습하면서 간단히 몸을 풀었다. 몸의 근육들이 웬만큼 가벼워졌다는 느낌이 들자, 왼쪽 천을 따라 뒷마당을 달리기 시작했다.

ⓒ김성우

처음 맨발로 뛰는 희열을 맛본 랭커스터의 하숙집 뒷마당.
농업이 발달한 랭커스터는 땅값이 비교적 싸서 집마다 꽤 큰 앞,
뒷마당을 두고 있다. 하숙집 뒷마당은 길이 400m, 너비는 대략
50m 정도 되었다. 그 옆에는 조그마한 천이 흐르고 있어서 달리기
에 적격이었다.

맨발로 뛰면서 발에 닿는 풀과 흙이 주는 감촉이 너무 좋았다. 신발을 신고 달릴 땐 전혀 느끼지 못했던 발바닥의 모든 신경, 근육, 관절들이 깨어나는 듯한 느낌이 들었다. 조금 과장해서 마치 땅과 나의 발바닥이 서로 대화하는 느낌이랄까. 발바닥이 땅과 닿을 때마다 땅의 기운이 흙으로부터 몸속으로 타고 들어와 나를 가볍고 힘차게 만들어 주는 것 같았다. 지금까지 느껴보지 못한 '살아있는 느낌'이 나를 가득 채웠다.

나의 몸은 절로 신이 나서 계속 달렸다. 온몸으로 햇볕을 느끼고 싶어서 상의를 벗어 뒷마당에 던져 놓았다. 발바닥뿐만 아니라 온몸의 근육들이 잠에서 깨어나 기지개를 켜는 듯한 느낌도 좋았다. 힘이 넘쳐났고, 계속 달렸다.

그렇게 '맨발 달리기'는 내 몸을 써서 느낄 수 있는 새로운 세계를 열어주었다. 해가 하늘 높이 떠 있었지만 시원한 바람이 불어서 덥지 않았던 오후, 따뜻해진 풀과 그 아래 시원한 흙을 맨발로 달리면 마치 내가 그 위를 날아가는 듯했다.

새들이 나무 사이를 이리저리 날아다니며 지저귀는 소리가 들렸고, 여러 마리의 나비가 내 주위로 날아와 달리는 나의 앞과 옆에서 춤을 추며 동행하기도 했다. 이들과 같이 살아있다는 사실이 신비롭게 느껴졌고, 아무것도 걸치지 않은 상체로 내리쬐는 따뜻한 햇살은 나를 기분 좋게 만들었다.

매일 뛰면서 달리는 시간도 점점 늘어났다. 30분, 40분, 50분⋯

1시간 30분까지. 신기했다. 태어나서 축구공 없이 60분 이상 뛰어본 적이 없었다. 그런데도 가볍게 90분을, 그것도 400m 길이의 조그마한 풀밭을 오가며 뛰는데 너무 재미있는 게 아닌가. 아무도 시키지 않았고, 어떤 목표가 있어서 한 것도 아니었다. 그냥 그렇게 뛰는 게 즐거웠다. 고용주이기도 했던 하숙집 주인이 나를 보며 '저 청년이 시골 마을에서 지내는 게 힘든가?'라고 생각했을지도 모르겠지만.

당시 나는 여자친구와의 이별과 잘못된 전공 선택으로 인해 우울증을 겪고 있었다. 삶의 주도권을 내려놓은 채, 방관하며 수동적으로 '반응'하는 삶을 살고 있었다. 내가 정말로 원하는 삶의 방향을 선택했을 때 발생하는 결과를 책임지지 않으려고 실패할 가능성이 상대적으로 낮은 길을 선택하며 '남들이 보기에 좋은 삶'을 살았다는 것을 뒤늦게야 깨달은 것이다. 매일 저녁 술을 마셨고, 부정적인 생각의 고리가 끊이지 않아 불안했고 행복하지 않았다. 언어나 생각으로는 정리되지 않던 마음은 그 무엇으로도 풀어지지 않았다.

그때 달리기를 시작한 것은 우연이었을까, 운명이었을까. 달리면서 내 안에 쌓이고 꼬인 실타래가 풀리기 시작했다. 달리기 시작하면서 삶의 주도권을 다시 쥘 용기가 생겨났다. '내 삶을 내가 만들어나가고 싶다'라는 주체적 삶을 향한 욕망이 솟구쳤고, 그 욕망이 조금씩 건설적인 습관을 만들어내기 시작했다. 머리로 이해할 수 없던 슬픔과 고민이 달리는 경험을 바탕으로 이해되기 시작했다. 소설가 김연수가 이야기한, '몸으로 이해하는 사람'이 되어 갔다.

내 몸을 위한 음식에도 자연스레 관심이 갔다. 내 몸에 부담을 주지 않는 채소들(브로콜리, 양파, 마늘, 방울다다기 양배추)과 퀴노아 등을 직접 조리해서 소금과 후추만으로 간단히 양념해 먹기 시작했다. 배는 든든했고, 소화도 힘들지 않았다. 잠도 잘 왔다.

일에 대한 스트레스도 줄었다. 학생이 숙제를 해오지 않아도 화내지 않으면서 가볍게 경고를 하고 웃으면서 같이 했다. 학생들이 학교에 가 있는 동안 나만의 자유 시간이 있다는 점, 학생 대부분이 착하다는 점 등을 더욱 감사히 여겼다. 달리기와 마음의 상태 사이에 어떤 상관관계가 있음이 분명했다. 나도 모르게 더욱 긍정적인 사람이 되고 있었다.

게다가 달리기는 나를 좀 더 창조적으로, 혹은 엉뚱하게 만들었다. 열심히 뛰던 어느 날, 꽃잎을 모아서 그림을 그리는 새로운 창작법(?)이 떠올랐고, 하숙집에서 지내던 열 살짜리 우성이와 함께 우리만의 대작을 만들기도 했다. 지구가 하나로 연결되어 있다는 걸 표현하는 그림에 대한 아이디어도 떠올라 작업을 시작했다. 그간 미뤄두었던 드뷔시의 '월광'을 통기타로 치기로 마음먹고 시작한 지 2주 만에 제법 괜찮은 연주를 할 수 있게 되었다. 달리기

하나를 시작했을 뿐인데 나의 삶이 조금씩 긍정적으로 바뀌고 있었다.

달릴 때면 여태껏 느껴보지 못한 에너지가 나를 가득 채워주었다. '살아있음의 충만함' 외에 다른 표현이 떠오르지 않는 이 에너지는 나를 사로잡고 있던 부정적인 생각의 고리를 끊고 나의 일상을 긍정적으로 바꿔가고 있었다.

그렇게 두 맨발을 차례로 땅에 디디면서 앞으로 나아가는 간단한 동작과 사랑에 빠져버렸다. 달릴 때 느껴지는 살아있음을 더욱 깊게, 또 오래 느끼고 싶었다. 내가 얼마만큼 더 오래, 더 빠르게 될 수 있을지 궁금했다. 그래서 가장 잘 뛰는 사람들을 공부하기 시작했다. 인터넷으로 전설적인 달리기 선수들에 관한 기사는 물론, 다큐멘터리도 찾아보고 책도 구해 읽었다.

달리기 영웅들을 파헤치다

ⓒ김성우

달리기 책들

가장 먼저 에티오피아 출신 달리기 영웅들의 전기를 읽었다. 동독의 발데마르 키에르핀스키(Waldemar Cierpinski)와 더불어 올림픽 마라톤을 2회 연속 우승한 에티오피아의 '사자' 아베베 비킬라(Abebe Bikila)의 책을 골랐다. 어렸을 때부터 맨발로 뛰어다니며 어떠한 신발도 발에 맞지 않아 맨발로 훈련했던 그는 마라톤 역시 맨발로 세계 신기록을 경신했다.

그리고 여러 종목의 세계 기록을 27번이나 갈아치운 하일레 게브르셀라시에(Haile Gebrselassie)가 있다. 항상 웃는 얼굴로 유명한 하일레는 5,000m 경기부터 마라톤까지 세계 기록을 여러 번 경신하였다. 어릴 적부터 학교 가는 길 10km를 매일 뛰어다니는 동안 자연스레 달리기 선수로서 필요한 기본 역량이 다져졌다고 했다.

그렇다고 해서 하일레가 천부적 재능을 갖고 태어난 것은 아니었다. 하일레의 달리기가 수많은 도전과 실패, 절제와 헌신으로 이루어졌음을 그의 전기를 읽으며 알 수 있었다. 2000년 시드니 올림픽에서 하일레가 케냐의 폴 터갓(Paul Tergat)을 0.09초 차이로 따돌리고 금메달을 따낸 경기를 잊을 수가 없다. 당시 하일레는 아킬레스 힘줄 부상 때문에 10,000m 경기에 참여하기를 크게 망설였다고 한다.

케네니사 베켈레(Kenenisa Bekele)는 2004년부터 지금까지 깨지지 않는 5,000m와 10,000m 세계 기록을 보유하고 있고, 2019년 베를린 마라톤에서 2시간 1분 41초의 기록으로 멋지게 복귀했다. 나는 그의 가벼우면서도 힘이 넘치는 달리기 스타일을 동경한다. 2004년 네덜란드 헹겔로(Hengelo)에서 그가 5,000m 세계 신기록을 수립하는 경주 영상을 정말 많이 봤다. 케네니사가 달리는 모습

---

4 https://www.youtube.com/watch?v=0kfdKo6qSDc#t=1m02s (*QR코드-230p)

에서 그의 존재 전부가 달리는 것이 보였다.

1970년대에 세계를 제패했던 미국의 '히피 러너' 빌 로저스(Bill Rodgers)는 대학교 때까지 육상부에서 열심히 뛰다가, 2마일(3.2km)을 9분 안에 완주하고 달리기를 그만두었다. 그 후 3년 동안 달리기와 거리를 두고 지냈는데, 어느 날 오토바이를 도둑맞는 바람에 당시 근무하던 병원까지 조깅으로 가게 되었다.

그 일을 계기로 빌은 다시 뛰게 되었고, 뉴욕과 보스턴 마라톤을 4회 우승하는 등 엄청난 업적을 남겼다. 1979년, '스누피' 모자를 쓰고 미국인 기록을 새로 쓰며 보스턴 마라톤 우승을 차지한 빌은 '히피 러너'로 불리곤 했다.

또한 졸라 버드(Zola Budd)를 빠뜨릴 수 없다. 남아프리카에서 태어나 어렸을 때부터 맨발로 생활하고 뛰어다녔던 졸라는 육상계에 혜성처럼 등장했다. 1984년, 18살의 나이로 맨발로 2,000m, 5,000m 종목의 세계 신기록을 세운 졸라의 달리기 주법은 가볍고 힘이 차서 보기만 해도 저절로 흥이 난다. 안타깝게도 졸라의 재능을 정치적, 경제적으로 이용하려던 주변 사람들 때문에 그녀는 선수 생활을 오래 하지 못했다.

이들 외에도 한때 2시간 3분 23초의 세계 마라톤 기록을 보유했던 케냐의 윌슨 킵상(Wilson Kipsang), 한국의 마라톤 영웅인 이

봉주와 황영조, 그리고 2012년 런던 올림픽에서 800m를 아름답게 뛰면서 새로운 세계 기록을 세운 데이비드 루디샤(David Rudisha)와 관련된 기사와 동영상도 여러 개 봤다. 특히 데이비드의 성장 스토리를 담은 다큐멘터리[5]는 케냐의 작은 마을 이텐과 그곳의 코치 브로콤에 관심을 갖게 했다.

피부색, 가정환경, 살아온 환경이 각각 너무도 다른 달리기 선수들의 삶에 대해 배우며, 달리기에는 뚜렷한 성공 공식이 없고, 사람마다 각자의 동기와 이야기가 있다는 것을 짐작할 수 있었다. 그들에 비해 시작이 늦었지만 나도 나만의 이야기를 살아낼 수 있을 거란 생각이 들었다.

먼저 24년 동안 신발 안에 숨어 겨울잠을 자던 나의 두 발을 강하게 만들어야 했다. 다행히 풀밭 위에서는 맨발로 뛰어도 아무 문제가 없었기에 뒷마당에서 달리기를 계속 이어갔다. 하지만 경주는 도로 위에서 진행되므로, '발가락 신발'이라 불리는 '비브람 파이브 핑거스'(Vibram Five Fingers)를 신고 도로 위에서 뛰는 연습도 시작했다.

하지만 나는 달리기를 너무 늦게 시작했다는 사실에 곧 압박감을 느꼈다. 빨리 성장하기 위해 훈련량을 무리하게 늘리기 시작했다. 일주일에 20km도 뛰지 않던 내가 어느새 50km, 60km, 80km

---

[5] https://www.youtube.com/watch?v=KMJ0Gjn9M6E&feature=youtu.be (*QR코드-230p)

를 달리고 있었다. 달리기 훈련에 관한 원서를 10권 이상 구입해 달리기 훈련의 기본과 기술을 습득하는 한편, 엘리트 러너들의 훈련 방식을 공부하며 그 훈련량을 1년 안에 소화하겠다는 목표를 세웠다.

2014년 가을, 미국 스탠포드 대학에서 환경공학 석사 과정을 시작하였다. 물과 신재생에너지를 주제로 공부할 수 있다는 사실에도 들떴지만, 캘리포니아의 따뜻한 날씨 속에서 달릴 수 있으리라는 기대가 더 컸다. 대학원 공부를 하면서 아침과 저녁, 매일 두 번씩 뛰기 시작했다.

케냐를 꿈꾸다

"러너는 가슴 가득 꿈을 안고 뛰어야 한다." - 에밀 자토펙[6]

스물네 살이나 먹고도 어린아이처럼 꿈을 꾸어도 될까? 너무 철없는 게 아닐까? 달리기가 너무 즐겁다 보니 '매일 달리기만 하면서 먹고살면 어떨까?'라는 생각이 들 정도였다. 달리고, 먹고, 쉬고, 자고. 남는 시간이 있다면 좋아하는 책을 읽고, 기타 연습을 하고. 달리기에 대한 글을 쓰고….

어느새 달리기 선수가 되고 싶다는 생각이 마음속으로 들어왔다. 나 자신이 어느 정도 기량을 지닌 러너가 될 수 있는지 그 한계를 확인하고 싶었다. 달리기 선수가 되려면 세계 최고들과 같이 달려보는 방법이 가장 효과적이라는 생각이 들었다. 세계 최고의 러너들이 달릴 때의 자세, 표정, 기운을 바로 옆에서 느끼고 싶었다. 그렇게 하면 그 빠름의 비밀을 훔쳐 올 수 있을 것 같았다.

'세계 최고들이 있는 곳으로 가서 같이 뛰어야겠다.'

---

[6] 달리기의 전설. 1954년 세계에서 처음으로 10,000m를 29분대에 완주하였다. 첫 출전이었던 1952년 헬싱키 올림픽에서 5,000m, 10,000m, 그리고 마라톤에서 금메달을 딴 유일무이한 업적을 가지고 있다.

이 생각이 곧바로 나를 사로잡았다. 축구는 브라질이, 농구는 미국이 최고로 꼽힌다. 그럼 달리기는? 곧바로 조사에 돌입했다. 1980년대부터 세계 육상, 특히 마라톤을 주름잡은 선수 대부분이 케냐 출신이라는 사실을 알게 되었다. 에티오피아도 케네니사 베켈레, 하일레 게브르셀라시에 등 전설적인 선수들을 배출했지만, 케냐만큼 많지는 않았다. 최근 20년간 보스턴, 뉴욕, 시카고, 런던, 베를린, 도쿄 등 메이저 마라톤 대회에서 우승한 선수 리스트를 보니 온통 케냐 국기로 물들어 있었다.

케냐야말로 최고의 달리기를 배울 수 있는 곳이라는 확신이 들었다. 케냐 마라토너들에 대해 좀 더 살펴보니 세계적인 선수 대부분이 '이텐(Iten)'이라는 작은 마을 출신이었다. 마라톤 세계 기록 1~2위를 비롯해 세계 최고의 800m, 1,500m 선수들도 그곳에서 훈련한다는 사실을 알게 되었다. 그리고 이텐의 중심 역할을 하는 성 패트릭 고등학교라는 곳에서 무려 25명 이상의 세계 챔피언을 육성한 전설적인 코치 브로콤에 대해서도 알게 되었다.

이텐과 케냐 마라토너들을 조사하며 알게 된 그들의 삶의 방식은 나의 열망을 더욱 커지게 했다. 그들은 일 년 내내 최적의 달리기 훈련이 가능한 고지대 지역에서 훈련에 꼭 필요한 것들만 갖추고 생활하고 있었다. 달리고, 먹고, 자는 것, 그리고 가족, 친구들과 사회적으로 서로 돕고 지내는 것이 전부였다. 달리기 훈련 외에 다른 직업이나 취미를 갖지 않았다. 일요일 하루만 휴식할 뿐, 월요

일부터 토요일까지 매일 아침 6시 전에 일어나 하루를 시작해 최소 하루 두 번 이상 뛰는 생활을 하고 있었다. 이런 절제와 헌신을 바탕으로 세계 마라톤 무대를 석권하고 있었다.

하지만 책만으로는 그들이 어떻게 이런 삶을 살아내는지 충분히 알 수 없었다. 제대로 된 수도나 샤워, 취사 시설을 갖추지 않은 불편 속에서도 어떻게 성공적인 마라토너로서의 삶이 가능한지 알려면 아무래도 같이 살아봐야 했다. 그들이 어떻게 뛰는지 직접 보고, 곁에서 같은 리듬으로 뛰어봐야 했다. 나는 그들의 삶 속에서 답을 찾고자 이텐에 가기로 마음먹었다.

일단 케냐에 관해 내가 배울 수 있는 모든 것을 배웠다. 학교 게시판을 통해 케냐에서 유학 온 학부생을 만나 스와힐리어를 배우기 시작했다. 케냐에 가기 직전 학기 중에는 스와힐리어 수업을 등록해 꾸준히 공부를 이어갔다. 매주 수요일마다 진행된 아프리카 클럽 세미나에 참석해 그 지역에 대해 조금씩 더 배워가기도 했다.

케냐사람들을 만나 조언을 구하고 같이 계획을 세우는 행운도 따랐다. 대학교 시절, 절친한 친구의 인연으로 알게 된 패트릭은 케냐에서 유학 온 학생이었다. 처음 만난 이후로도 자주 연락하며 지내온 패트릭에게 케냐에 갈 생각이 있다고 말했다. 패트릭은 많은 조언과 함께 나이로비에서 지내야 하는 일이 생기면 무조건 자기 집으로 오라고 초대해 주었다. 또한, 나이로비에도 마라톤 훈련을 하는 사람이 많으니 같이 뛸 사람들을 찾기에 문제가 없을 거라고 덧붙였다.

이텐에 사는 달리기 선수와도 우연히 인연이 닿았다. 스탠포드 대학은 다양한 분야에서 주목할 만한 성과를 이룬 연사들을 학교로 초대하곤 했었다. 2015년 2월에는 케냐의 유명한 저널리스트인 존 기통고(John Githongo)가 초대되었다. 연사와 학생들이 같이 저녁 식사를 하며 이야기를 나눌 수 있는 이벤트에 참가해 존과 이야기할 수 있었다. 그는 케냐에서 훈련해볼 예정이라는 내 계획을 반가워하며 이텐에서 케냐 마라톤을 주제로 연구를 진행한 프랑스인 트리스탄을 소개해 주었다.

그렇게 연결된 트리스탄은 이텐에서 친하게 지냈던 마라토너 댄 타누이(Daniel Tanui)를 소개해 주었다. 댄은 이텐에 오면 자기와 같이 달리고 생활할 수 있다고 했다. '무엇인가를 간절히 바라면, 온 우주가 도와준다'는 말을 그동안 믿지 않았는데, 내가 케냐에 가겠다고 마음을 먹고 주위를 둘러보니, 도와주려는 사람이 너무도 많았다.

그런데 막상 계획이 술술 풀리니 갑자기 두려워졌다. '스물네 살이나 먹고 무슨 달리기 선수를 하겠다는 거야? 케냐에 간다고 해서 정말 그들만큼 빨라질 수 있겠어? 달리기 위해 케냐에 가는 게 앞으로 삶에 도움이 될까? 그냥 학교 주변의 괜찮은 에너지 회사에

인턴으로 들어가서 경험과 인맥을 쌓는 게 더 낫지 않겠어?' 언제나 그렇듯 나의 가장 큰 적은 내 머릿속에서 불안과 의심을 속삭이길 좋아하는 녀석이었다.

나도 물론 달리기를 하러 케냐에 가는 것보다 좋은 회사에서 인턴 경험을 쌓는 게 '미래를 위한 이성적이고 합리적인 선택'이라는 걸 논리적으로 이해는 하고 있었다. 하지만 내 가슴 속에 머리로는 이해할 수 없는 '울림'이 있었다. 그것은 진심이었다. 생각의 끝에서 나는 머리로 이해할 수 없고, 논리적이지 않은 결정을 내리기로 했다. 달리기에 대한 나의 열망을 온전히 그 자체로 살아내기로 했다.

부모님께 석사 과정 중 여름에 케냐에 가겠다는 계획을 말씀드렸다. 나는 '허락을 받지 말고, 저질러 놓고 용서를 구하라'(Don't ask for permission, ask for forgiveness)는 격언을 이렇게 이용하곤 했다. 부모님은 약간 놀라셨지만 대신 케냐에서 석사 공부와 연관이 있는 일도 하고 오는 것이 어떻겠냐고 물으셨다.

그 말도 일리가 있었다. 케냐는 태양광이 충분한 나라였다. 패트릭에게 나이로비에 신재생에너지 관련 회사가 있는지 물어보았고, 그의 삼촌이 운영하는 작은 태양광 에너지 회사에서 인턴 기회를 얻을 수 있었다.

패트릭의 집은 카사라니(Kasarani)[7] 라는 나이로비 교외 동네에

---

[7] 나이로비 주변 교외 주택 지역으로, 모이 케냐 전 대통령의 이름을 딴 '모이 국제 종합운동장'이 유명하다.

있었다. 처음 4주 동안 패트릭의 집에서 지내면서 태양광 에너지 회사에서 인턴을 하고, 그다음 4주 동안 이텐에서 댄과 같이 생활하며 훈련할 계획을 세우며 달리기 훈련을 이어갔다.

케냐로 출발한 2015년 6월까지 최소 하루 한 번, 최대 두 번을 뛰며 준비를 해나갔다. 당시 훈련 일지를 보면 내가 대학원에 다니는 건지, 마라톤 캠프에 있는 건지 헷갈릴 정도였다. 평일에는 아침에 6,000~10,000m, 오후에 12,000~16,000m를 학교 주변 풀밭 위에서 뛰었고, 토요일에는 지구력 훈련을 위해 언덕이 많은 18,000~22,000m 아스팔트 코스를 뛰곤 했다.

달리며 자유롭게 몸을 움직이는 기쁨을 24살이 되어서야 배운 나는, 그렇게 '말이 되지 않는 꿈'을 꾸게 되었다. 그리고 이 꿈을 경험하기 위해 내가 내린 선택과 행동의 결과를 책임지기로 마음먹었다. 드디어 2015년 6월 16일, 나는 벅찬 가슴을 품고 케냐로 향했다.

2 케냐 이텐으로 가다

카사라니에서의 생활

카사라니에서 일주일에 한 번은 태양광 전문 회사에 출근하고, 나머지 4일은 재택근무를 했다. 회사에서 주로 컴퓨터로 하는 데이터 분석 업무를 맡겨서 이렇게 협의할 수 있었다.

패트릭의 집에서 보낸 시간은 미국 기숙사 생활보다 풍족하고 편안했다. 그때는 몰랐지만, 패트릭의 집은 케냐에서 꽤 부유한 층에 속했다. 이층집은 방이 전부 6개였고, 작은 풋살 게임을 할 수 있을 정도로 큰 마당이 있었다. 집안일을 하는 아주머니 두 분과 경비원까지 있었다. 암소도 6마리나 있어서 그날 생산된 신선한 우유를 물, 생강, 찻잎들과 같이 끓인 '케냐 밀크티'를 즐겨 마실 수 있었다.

패트릭은 경제, 철학, 심리학 등 다양한 분야에 관심이 많고 수백 권이 넘는 책을 읽었으며, 세상에 대해 이런저런 이야기하기를 좋아했다. 음식에 대해서는 마치 전문 요리사처럼 세세한 부분까지 신경을 썼다. 아쉽게도 패트릭은 단거리 달리기만 좋아했고, 담배를 너무 피운 탓인지 10분도 달리지 못했다(모든 케냐인이 다

잘 뛰는 건 아니었다). 패트릭에게는 5살짜리 어린 남자 동생 존이 있었다. 항상 활력이 넘치고 장난치기를 좋아했던 녀석과는 자주 무술 싸움을 하는 척하면서 신나게 놀곤 했다. 그렇게 카사라니에서 지내면서 함께 달리기 훈련을 할 사람을 찾지 못해 고민하고 있던 찰나에 만난 사람이 바로 대니얼 완요이케(Daniel Wanyoike)였다.

태권도 선수 대니얼과 함께 천천히 달리다

 케냐에 가기로 마음먹고 난 후, 나를 도와주는 사람을 많이 만났다. 그중에서 대니얼을 만난 일은 큰 행운이었다.

 패트릭의 집에서 조금만 걸어 나가면 파인애플, 망고, 파파야 등을 파는 과일 가게가 있었다. 열대 과일을 좋아하는 나는 매일 신선한 과일을 샀다. 카사라니에 도착한 지 일주일째 되던 날에도 아침 조깅을 마치고 파인애플 과즙을 상상하며 과일을 사러 가는 중이었는데, 대한민국 국기가 등에 그려진 운동복을 입은 현지인이 내 앞을 천천히 달리며 지나갔다.

 케냐에서 발견한 태극기가 반가웠던 나는 그를 따라가 옆에서 뛰면서 말을 걸었고, 그는 나를 바라보고는 45도로 인사를 건넸다. 대니얼은 건넛마을에서 태권도 도장을 운영하던 태권도 사범이자 선수였다. 태권도 훈련을 위해 매일 아침 조깅을 했다.

 카사라니에서 같이 달릴 파트너를 찾지 못했던 나는 괜찮다면 같이 뛰고 싶다는 의사를 전했고, 대니얼도 마침 아침에 혼자 뛰던 참이었다며 흔쾌히 동의해주었다. 그렇게 나는 대니얼과 같이 아침 달리기를 시작했다. 달리고 난 후에는 스트레칭을 함께 하면서 태권도, 달리기, 한국, 케냐에 대해 많은 이야기를 나누곤 했다.

 대니얼은 2016년 리우 올림픽에 케냐 대표로 출전하는 것이 목표라고 말했다. 자신은 이미 나이가 많은 편이고 젊고 뛰어난 선수도 많지만, 최선을 다해서 도전해보려 한다고 했다. 대니얼의 눈빛에는 실패할 확률이 더 높은 목표에 대한 기대, 두려움, 희망 같은 높낮이가 큰 감정보다는 '평정심'이 담겨 있었다. 결과를 미리 걱정하고 생각하기보다는, 지금 해야 할 조그마한 과정들을 담담하게 해나가는 모습에서 지혜와 연륜이 느껴졌다.

나는 대니얼에게 달리기 선수가 되고 싶어서 세계 최고에게 배우러 왔다는 이야기를 전했고, 대니얼은 나의 결정을 존중한다고 말해 주었다. 다만 나에게 '천천히 훈련할 것'을 권했다. 당시 태권도 도장을 운영하던 대니얼은 이제 막 태권도 수련을 시작하는 사람들이 쉽게 범하는 실수를 달리기와 연관 지어 알려주었다.

대니얼은 태권도나 달리기를 할 때, '무리하지 않는 것'이 가장 중요하다고 했다. 자신이 태권도를 시작하였을 때, 함께 했던 친구 중 많은 이들이 시작할 때 지녔던 큰 열정만 가지고 무리한 훈련을 이어가다가 번아웃과 부상 등으로 1년도 채 안 되어 운동을 포기했다고 말했다.

현재 운영 중인 도장에서도 어려운 발차기를 더욱 빨리하고, 힘을 키우고, 유연해지고 싶어서 몸에 버거운 훈련만 하는 학생들이 있다고도 했다. 그들에게 꾸준히, 천천히, 매일매일 하는 방법 말고는 원하는 기량을 얻기 힘들다고 이야기해도 실제로 이해하는 학생이 많지 않아 아쉽다고 하였다. 대니얼은 '쉼'의 중요성과, '성장'에는 그에 합당한 시간이 필요하다는 사실을 강조했다.

"몸이 훈련에 적응할 수 있는 시간을 주어야 해요. 훈련한 뒤 몸은 회복할 시간이 필요해요. 그런데 많은 경우 훈련만 계속하고, 몸에 필요한 회복의 시간을 주지 않으니 결국 몸이 버텨내지 못하는 거예요. 임산부가 아이를 9개월보다 짧은 시간 안에 낳고 싶다고 해서 그게 가능할까요? 아이가 자라나는 데에는 그에 맞는 시간이 필요하잖아요."

우연히 만났지만, 대니얼은 나에게 딱 필요한 스승이었다. 나 역시 조급한 마음을 갖고 있었기 때문이다. 이텐에 가기 전에 더 많은 훈련량을 쌓으려고만 했다.

다행히 대니얼은 천천히 뛰는 것을 아침 조깅의 철칙으로 삼았다. 우리는 평균 40분, 길게는 1시간 20분을 매일 아침에 뛰었는데, 아무리 빨라도 5min/km[8]보다 빠르게 뛴 적이 없었다. 빨리 뛰어서 스피드를 올리거나 긴 거리를 뛰어서 지구력을 키우려는 목적이 아닌, 몸의 근육들이 산소를 활용하는 기본 능력을 향상하는 게 목적이었다.

대니얼과 뛰면서 덤으로 카사라니 동네 주변의 기찻길, 풀밭, 큰길가 등을 알게 되었다. 달리기 후에는 경치가 좋은 언덕 위로 올라갔다. 거기서 대니얼이 태권도 훈련을 위해 하던 유연성 스트

---

[8] 달리기 속도를 표현할 때 쓰는 방식으로, 5min/km는 1km를 5분에 뛰는 속도로 볼 수 있다. 예를 들어, 마라톤을 2시간 6분대에 뛰려면, 적어도 3min/km 속도로 뛰어야 한다.

레칭을 따라 하며 종아리, 허벅지, 어깨, 등 근육을 천천히 점검하는 법도 배웠다.

그렇게 한 달 동안 매일 아침 천천히 달리기와 스트레칭을 했다. 그러면서 케냐에 오기 전까지 무리한 훈련을 해 온 나의 몸에 맞는 적당한 훈련을 하는 동시에 휴식 시간도 줄 수 있었다. 카사라니 같이 약 1,800m의 고지대에서 뛰는 일도 처음이었기에, 무리해서 뛰지 않는 것은 고지대 적응에 도움이 되었다. 그렇게 '무리하지 않음'과 '쉼'의 중요성을 익히며 이텐 생활을 위한 준비를 해 나갔다.

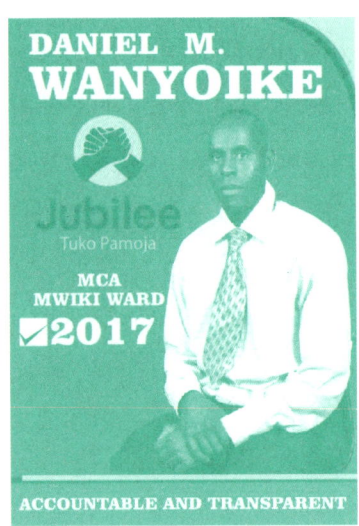

©Daniel Wanyoike

대니얼은 마을 이장 선거에도 출마했다

이텐(Iten), 챔피언들의 고향

이텐으로 출발하기로 한 날 아침 6시. 패트릭의 어머니, 동생 존, 그리고 집안일을 도와주는 왐부이와는 전날 밤 이미 작별 인사를 마친 상태였다. 매일 늦잠 자기를 좋아하는 패트릭은 고맙게도 아침 일찍 일어나서 나이로비 터미널로 나를 데려다주었다. 그곳에는 케냐 전역으로 가는 수많은 버스와 '마타투'(Matatu)[9]가 손님을 기다리고 있었다.

카사라니에서 이텐으로 바로 가는 마타투가 없어서 이텐과 가까운 도시 엘도렛으로 가는 마타투를 찾았다. 내 자리를 예약하고, 다가올 4주간의 살림을 담은 짐가방을 트렁크에 실었다. 엘도렛 터미널에는 이텐에서 살면서 훈련하는 마라톤 선수 댄이 마중 나와줄 터였다.

출발까지는 40여 분이 남아 있었다. 주변을 둘러보니 차를 파는 조그마한 가게가 있었다. 플라스틱 의자에 앉아 달달한 케냐 차 한 잔(한화로 약 150원)과 빵 한 조각(한화로 약 100원)을 주문했다. 고지대인 나이로비의 아침과 저녁은 쌀쌀했다.

따뜻한 차를 마시면서 몸을 녹이니 그제야 내가 정말 케냐에

---

[9] 봉고차 크기의 케냐 대중교통. 보통 운전하는 기사 한 명과 돈을 받는 안내원 한 명이 운영하며, 모든 지역마다 있다. 마타투 외에 다른 이동수단은 일반 택시와 오토바이 택시인 '보다보다'(Bodaboda)가 있다.

와 있고, 이텐으로 간다는 사실이 실감 났다. 지금까지 컴퓨터 모니터로 보면서 상상만 했던 곳에 오늘 오후에 도착한다니. 두근거렸다.

엘도렛에 도착하기까지 6시간이 걸렸지만 길게 느껴지지 않았다. 댄과 나는 몇 달 전부터 페이스북으로 연락해왔기에 서로 알아보는 데 별 어려움이 없었다. 그날 엘도렛 터미널에 아시아인이 아마 나 혼자이기도 했다.

댄과 같이 점심을 먹고, 우리는 이텐으로 향하는 마타투에 몸을 실었다. 대략 50분이 소요된다고 했다. 마타투는 계속 고지대로 올라갔다. 건물이 갈수록 줄어들고, 옥수수밭만 보였다. 이텐에 관한 다큐멘터리 <Man on a Mission>[10]에서 보았던, 케냐 선수들이 조깅을 하는 빨간 흙길이 아스팔트 도로 양옆으로 보이기 시작했다. 그 위를 걸어 다니는 사람들과 가볍게 저녁 조깅을 하는 케냐 마라톤 선수들이 보였다. 드디어 이텐에 온 것이다.

---

10   https://www.youtube.com/watch?v=LmXN-kQZ04M#t=15m03s (*QR코드-230p)

©김성우

이텐의 시작과 끝 지점에 있는 게이트. '챔피언들의 고향에 온 것을 환영한다'(Welcome to Iten, home of champions)는 말이 새겨져 있다.

    곧장 뛰러 나가고 싶었지만, 종일 이동하느라 피로가 쌓였을 테니 일단 쉬기로 했다. 마타투에서 내린 곳에서 댄의 집까지 가는 동안 따뜻한 차와 음식을 파는 조그마한 상점들과 달걀, 우유, 우갈리(Ugali)[11]를 만들 수 있는 마른 옥수수가루를 파는 상점들이 보였다. 어린아이들이 엄마 다리 품을 껴안으며 나를 보고 수줍게 웃었다. "무중구(Muzungu)!"[12]라며 손가락으로 나를 가리키는 아이들도 있었다.

11   햇볕에 말린 옥수수를 갈아 물에 섞어 끓이면서 익을 때까지 저어준다. 완성된 우갈리는 손으로 떼어 먹는다. 케냐인들이 거의 식사 때마다 먹는, 한식으로 치면 밥에 해당하는 음식으로 볼 수 있다.

댄이 사는 집은 부엌, 마루, 방 하나로 이루어진 공간으로, 한국의 웬만한 원룸 크기였다. 이러한 집이 10채 정도 쭉 늘어서서 하나의 작은 동네를 이루었다. 동네 사람들이 같이 쓰는 화장실은 동네 마당에 있었다. 물은 지하수를 펌프로 끌어올려서 썼는데, 펌프는 화장실 앞에 있었다.

ⓒ김성우
댄이 사는 집 외부 전경

12 '무중구'는 케냐어로 '외국인'이라는 뜻이다. 케냐인들은 친분이 없는 외국인, 특히 백인을 부를 때 '무중구'라고 부른다. 나이로비나 이텐에서 달리면 어린아이들이 "무중구! 무중구!"라고 하면서 쫓아오곤 했다. 가끔 이소룡 같은 소리 -이야하오우아!-를 내면서 손을 위아래로 휘저으며 놀라게 하면, 아이들은 "으아" 소리를 지르며 웃으면서 도망가기도 했다.

댄은 의대 진학을 준비하는 제레미아와 살면서 월세로 한 달에 약 4,000 케냐 실링(한화로 약 4만 원)을 내고 있다고 했다. 한국의 높은 물가에 비하면 싼 가격이지만, 케냐인들 한 달 월급이 보통 20,000~30,000케냐 실링(한화로 약 20~30만 원) 정도인 걸 고려하면 그들에게 그리 싼 가격은 아니었다.

이곳에 오기 전 댄과 연락을 주고받으며, 나는 함께 살면서 훈련할 수 있으면 좋겠다는 의견을 보냈다. 보답으로 월세와 식비를 감당하겠다는 나의 제안을 댄이 고맙다는 말과 함께 받아들였다. 댄은 나무로 만든 오래된 일인용 침대가 있는 방을 나에게 쓰라고 했다. 4주 동안 손님으로 머물 입장이라 소파도 괜찮다며 한사코 거절했지만, 댄은 그렇게 되면 본인의 마음이 불편할 거라고 했다. 결국 나는 댄의 호의를 감사히 받아들이기로 했고 그 집에서 유일한 침실을 쓰게 되었다.

ⓒ김성우

댄이 사는 집 침실

저녁 시간이 되자 댄의 여자친구 다비가 와서 음식을 만들어주었다. 석탄에 종이로 불을 지피고, 불이 붙을 때까지 바람을 직접 불어주는 수작업이 필요했다. 다비는 그날 밭에서 따온 채소들과 토마토, 양파를 잘게 썰어서 볶은 수쿠마 위키와 우갈리를 해주었다.[13] 패트릭의 집에 있을 때도 많이 먹어본 수쿠마 위키는 케냐, 탄자니아 등 많은 동아프리카 국가 사람들이 즐겨 먹는 음식이다. 스와힐리어로 '한 주를 힘차게 보낼 수 있게 한다'는 뜻이다.

케냐인들의 주식 요리가 다행히 내 입맛에도 잘 맞았다. 우갈리는 고소한 맛이 일품이었고, 수쿠마 위키는 채소들이 너무 신선해서 계속 손이 갔다. 케냐 마라톤 선수들도 수쿠마 위키와 우갈리를 주식으로 먹는다. 외국 기자들이 "케냐 마라톤 비결이 무엇이냐?"라고 물으면, "수쿠마 위키와 우갈리"라고 답할 정도다. 실제로 대회에 참가하러 국외로 갈 때마다 우갈리 재료를 가지고 가서 직접 만들어 먹기도 한단다.

우갈리에도 진짜와 가짜가 있었다. 상점에서 파는 우갈리 재료는 옥수수 껍질 등 하얗지 않은 부분을 모두 걸러내서인지, 어떤 선수들은 상점에서 파는 우갈리 재료를 가짜라고 하면서 먹지 않았다.

제레미아는 고향에 계신 어머니께서 직접 옥수수를 갈아서 보내주신 갈색의 진짜 우갈리를 먹으며 의대 준비를 한다고 자랑하

---

[13] https://www.youtube.com/watch?v=mhhOrY7LkYQ (*QR코드-231p)

기도 했다. 이텐에 살면서 하얀 우갈리와 갈색 우갈리를 모두 맛보았는데, 갈색 우갈리가 더 고소하고 깊은 맛도 풍부했다. 한국으로 치면 흰쌀밥과 현미밥의 차이로 볼 수 있다.

댄과 나는 앞으로 어떤 훈련을 할지 간단히 이야기했다. 이텐에 사는 선수들은 각자 실력에 맞는 여러 그룹에 속해서 훈련했다. 유명한 이탈리아 코치 레나토 카노바(Renato Canova)가 이끄는 그룹, 이제 막 새로 코칭 커리어를 시작한 케냐인이 이끄는 그룹, 네덜란드의 휴고(Hugo) 코치가 이끄는 그룹 등 많은 그룹이 있었다.

코치 없이 실력이 맞는 선수끼리 모여 훈련하는 경우도 많았다. 댄도 그렇게 훈련하는 선수 중 한 명이었는데, 놀라운 것은 댄을 포함해 그가 속한 그룹 남자 선수 대부분이 풀코스 마라톤 2시간 15분대 기록을 가지고 있었고, 여자 선수는 2시간 30분대였다.

그룹마다 각자의 집합 장소가 있었다. 그 장소는 훈련에 따라 달랐다. 예를 들면 아침 조깅을 하는 집합 장소와 장거리주 혹은 파트랙(Fartlek)[14] 훈련을 하는 집합 장소가 달랐다. 댄에게 윌슨 킵상(Wilson Kipsang)[15]이 훈련하는 집합 장소를 아느냐고 물었더니,

---

14 스웨덴어로 '빠르게 뛰는 놀이'를 뜻한다. 말이 '놀이'이지, X분 질주, Y분 휴식을 반복하는 고강도 훈련이다. 예를 들어, '1분 질주 + 1분 휴식'을 30번 하면서 1시간 동안 고강도 달리기와 회복을 반복한다. [(2분 질주 + 1분 휴식) x 20번], [(3분 질주 + 1분 휴식) x 15번] 등을 하기도 한다.

물론 알고 있다고 했다. 같이 가서 윌슨과 뛸 수 있냐고 묻자, 댄은 웃으면서 말했다.

"물론 그럴 수 있지. 그런데 아마 5분도 안 돼서 눈앞에서 사라져 버릴걸?"

나도 웃었다. 생각해보면 나에겐 2시간 15분대로 마라톤을 뛰는 댄이 하는 강도 높은 훈련을 같이하는 것조차 무리였다.

댄은 아침과 저녁 조깅은 자신도 아주 천천히 하니, 그 두 훈련을 함께 하자고 했다. 하지만 오전 10시 메인 훈련은 내가 따라오기 힘들 테니 혼자서 하거나 실력이 비슷한 여자 선수들을 찾아서 하기를 권했다. 모든 것을 미리 정해 놓고 계획하는 일에 익숙한 나는 조바심이 났다.

"어떻게 실력이 비슷한 여자 마라톤 선수들을 찾을 수 있어? 아는 사람이 있어?"

댄은 긴장하는 나를 보고는 큰 웃음을 지으며 말했다.

---

15 2017년 9월 기준 2시간 3분 23초의 기록으로 마라톤 세계 2위 기록을 가진 세계적 마라톤 선수

"자연스레 찾게 될 거야. 여기 달리는 여자 선수들 정말 많아."

그렇게 꿈에 그리던 이텐에서의 달리기가 시작되었다.

3 케냐 마라토너들의 마음가짐

내가 만난 케냐 마라토너들

'킬루'(keellu) 호텔은 이텐에서 와이파이를 사용할 수 있는 몇 안 되는 장소기도 하지만, 세계적인 마라톤 선수 출신인 윌슨 킵상이 운영하는 곳이기도 하다. 윌슨을 볼 수 있을지도 모른다는 기대로 처음 이곳을 찾았다가 밀크티와 음식 맛에 반해 단골이 되었다. 식사하고 밀크티를 마시면서 가족이나 친구들과 영상통화를 하거나 다른 케냐인들과 담소를 나누곤 했다.

그러다 킬루에 묵던 딜란을 만나게 됐다. 나이로비 출신의 인도계 케냐인인 그는 마라토너의 꿈을 가지고 있었는데, 윌슨과 친한 사이인 아버지에게 부탁해 킬루에서 윌슨의 코칭을 받으며 훈련하고 있었다. 이제 막 고등학교를 졸업한 나이에 나이로비의 편안한 삶을 두고 이텐에 와서 꿈을 키워가는 딜란에게 왠지 정감이 갔다. 딜란에게 케냐 마라토너들이 어떻게 훈련하는지 같이 살면서 직접 배우러 왔다는 내 이야기를 했다. 달리기를 위해 집으로부터 멀리 떠나왔다는 공통점을 가진 우리는 금방 친해졌다. 아침 회복주나 트랙 인터벌 훈련을 함께 하기도 했다.

영국에서 온 자밀도 만났다. 케냐인 아버지와 영국인 어머니를 둔 자밀은 영국에서 고등학교 교사로 일하면서 케냐 선수들을 코칭하면서 경제적인 지원도 하고 있었다. 케냐를 자주 방문하면서 나이로비에서는 교육에 관한 봉사를 하고 이텐에서는 자신이 지원하는 선수들과 시간을 보내곤 했다.

장거리주 후 자밀(좌)과 딜란(우)

킬루 호텔에서 이들을 만나게 된 것 외에도 뜻밖의 행운이 더 찾아왔다. 2015년 8월, 베이징 육상 선수권 대회를 앞두고 케냐 남녀 마라톤 대표 선수 6명이 훈련을 위해 킬루 호텔에서 묵게 된 것이다. 마침 딜란이 남자 대표 선수인 윌슨을 비롯해 선수단과 친분이 있어서 자연스레 선수들과 대화할 수 있었다. 주로 식사를 함께하면서 그들의 달리기, 훈련 방식, 마음가짐에 관해 이야기를 나누었다.

감사하게도 아침과 저녁에 여자 대표 선수들의 회복주에 함께 참여하는 기회도 주어졌다. 선수들과 함께 뛰면서 그들이 어떻게 달리는지 생생하게 배울 수 있었다. 그렇게 선수들과 대화하고 부분적이지만 훈련도 함께 하면서 무엇이 케냐 마라톤을 성공으로 이끌었는지 파악하게 되었다.

케냐 마라톤의 성공 요인:
일상으로서의 달리기

　케냐 마라토너 대부분이 어린 시절부터 많이 걷고 뛰며 자랐다. 집에서 5,000m~10,000m 거리의 학교를 친구들과 맨발로 걷거나 뛰며 통학한 선수가 대부분이었다. 학교가 멀리 떨어져 있지 않아도 케냐인에게 걷기는 어려서부터 일상적인 활동이었다. 물을 길으러 가거나, 땔감으로 쓸 나무를 준비하거나, 필요한 물품을 사러 상점에 다녀올 때 걷거나 뛰는 것이 기본이었다. 훈련을 목적으로 한 것은 아니지만 성장 과정에서 일상적으로 했던 걷기와 뛰기가 마라토너로서 필요한 효율적인 자세와 기본 심폐 능력, 유산소 신진대사 능력을 자연스럽게 쌓은 것으로 이어진 셈이다.

　이들이 어려서부터 육체적으로 많은 활동을 했던 데에는 경제적인 이유도 있다. 케냐 마라톤의 대부 브로콤은 세계적으로 성공한 케냐 선수 중에 부유한 집안 출신은 없다고 했다. 경제적으로 어려운 형편은 이들이 달리기로 성공하고자 하는 열망과 절실함을 갖게 했다.

케냐 마라톤의 성공 요인:
몸에 무리가 덜 가는 흙길과 풀밭

케냐인들이 성장하면서 많이 걷고 뛴 것이 마라토너로서 좋은 신체적인 조건을 만드는 데 도움이 될 수 있었던 것에는 흙길과 풀밭의 몫도 크다. 아스팔트 길에 비해 흙길과 풀밭이 관절과 근육에 충격을 덜 주기 때문이다. 이텐에서 케냐 마라토너들이 훈련하는 지역에 흙길이 유지되어 있고, 공용 육상 트랙도 모두 흙 트랙이어서 선수들은 스피드 훈련도 흙에서 한다. 그리고 케냐 마라토너들은 마라톤 대회가 끝나면 40여 분 동안 풀밭에서 천천히 조깅을 한다. 아스팔트로 된 코스를 뛰면서 근육과 관절에 쌓인 피로를 풀어주기 위해서다.

케냐 마라톤의 성공 요인:
사회적·경제적 성공을 이룬 롤모델의 등장

케냐 마라토너들은 어떤 계기로 달리기를 시작할까? 하루에 두 번 이상 달리는 힘든 훈련을 직업으로 삼는 이유는 무엇일까? 케냐 선수들에게서 들은 이야기를 바탕으로 '탄야'(Tanya)라는 가상의 인물이 달리기를 시작하게 되는 상황을 구성해보았다.

* * *

고등학교를 졸업한 탄야는 대학에 진학할 형편이 되지 않아 일을 하기로 했지만 마땅한 일자리가 없다. 자격증이나 기술을 배울 수 있는 돈도 없다. 그렇다고 부모님의 농사일을 하기엔 미래가 없다고 느껴진다. 앞으로 어떻게 살아야 할지 막막할 뿐이다.

그런데 몇 달 전 마라톤 대회에 참가하러 미국에 갔던 삼촌이 우승하고 돌아오더니 소 100마리와 멋진 외제 자동차, 그리고 수천 평의 땅을 샀다. 삼촌은 내게 '너도 훈련하면 세계적인 마라토너가 될 수 있다'고 격려해주고는 어머니와 아버지에게 생활에 보태라면서 일 년 동안 우리 가족이 마음껏 쓰고도 남을 돈을 주고 갔다.

그러고 보니 저 엘도렛의 북쪽에 있는 '이텐'이라는 마을에서 수십 명의 선수가 달리기로 성공을 거두고 부자가 되었다는 소문을 들은 기억이 났다. 그곳의 코치들은 최소한의 실력이 검증된 선수들만 받는다고 들었다. 요새 마을 주변에서 달리기 연습을 하는 또래 친구들이 많이 보이던 것이 우연한 일이 아니겠다 싶었다. 이내 '나도 달려볼까?' 하는 생각이 든다.

  탄야가 달리기를 시작하는데 필요한 것은 '달려보겠다'라는 마음뿐이다. 만일 성공하면 삶을 송두리째 바꿀 수 있다. 그렇다면 나에게도 세계적인 마라토너가 될 가능성이 있는지 확인해보고 싶어지지 않을까? 케냐 마라토너 중에는 이렇게 달리기를 시작한 경우가 정말 많았다. 그들에게 달리기는 인생역전의 기회였다.

  롤모델이 주변에 많이 존재한다는 사실과 언제든지 그들과 같이 달릴 수 있다는 사실은 달리기를 시작하는 데 큰 동기 부여를 했다. 또한, 세계 최고와 같이 뛰면서 그들의 달리기를 곁에서 배울 수 있고, 그들로부터 조언을 들을 수 있다는 점도 매력적이었다. 이 같은 사회적 요인들로 케냐에서 세계적 선수들이 지속적으로 배출 될 수 있는 생태계가 구축되었다.

  실제로 농부였던 데니스 키메토(Dennis Kimetto)는 4~5년의 엘리트 훈련을 거쳐 2014년 베를린 마라톤 대회에서 2시간 2분 57초로 당시 세계 신기록을 세웠다. 그는 상금으로 1억 7천만 원이 넘는 돈을 받았다. 케냐의 평균적인 월급이 20~30만 원임을 고려하면 엄청난 금액이다. 이렇게 달리기를 통해 인생역전이 이루어지는 사례가 만들어지면서 자연스레 달리기에 도전하는 케냐인이 늘어갔다. '저들도 나와 같은 동네에 살면서 학교에 다니던 평범한 사람이었는데, 나도 해볼 수 있지 않을까? 한 번 도전해보자!' 하는 결심으로 달리기를 시작하는 것이다.

정리하자면 케냐 마라톤이 강할 수 있었던 데에는 어떤 특별한 비결 때문이라기보다는 케냐의 자연환경과 사회문화적 배경이 복합적으로 작용한 결과라 할 수 있다. 흙길과 풀밭이 많은 자연환경, 일상적으로 걷고 뛰는 생활, 달리기를 통해 큰 부와 명성을 얻은 선수들, 그리고 달리기를 삶을 전환할 기회로 여기는 사회문화적 배경에 그동안 축적된 노하우가 더해져 케냐인이 달리기에 도전하고 세계적인 선수로 발돋움하게 만드는 것이다.

그들이 달리기를 대하는 마음가짐과 관점

　케냐 마라톤은 세계적인 성공 모델로 꼽힌다. 각국 선수단이 훈련 파트너로 케냐 선수를 영입하거나 올림픽에서 메달을 획득할 가능성이 커 보이는 선수를 자국으로 귀화시킬 정도다. 케냐 선수들의 훈련 프로그램을 그대로 따라 하는 경우도 많다. 하지만 케냐의 자연환경, 사회문화적 배경까지 그대로 가져올 수는 없다. 달리는 이유도 마찬가지다. 인생을 바꾸고 싶다는 기대를 하고 달리는 것과 재미와 건강을 위해 달리는 것은 다를 수밖에 없다.

　케냐 마라토너들은 어떤 마음가짐으로 달릴까. 그들과 함께 생활하고 훈련하면서 발견한 케냐 마라토너들의 달리기를 대하는 마음가짐 세 가지를 소개한다. 이 마음가짐은 그들의 성공에 중요한 역할을 하므로 우리에게 맞는 달리기 방식을 찾는 데에도 도움을 줄 수 있으리라 생각한다.

Pole, pole
천천히, 천천히

케냐 마라토너들이 아침저녁으로 5~6min/km 속도로 천천히 달리는 것은 국가대표 선수들도 마찬가지였다. 킬루 호텔에서 만나 친해진 케냐 국가대표 마라토너 선수 중에 여자 대표 선수인 헬라, 에드나, 자넷, 그리고 코치인 데이비드와 함께 점심 식사하던 어느 날, 아침과 저녁 조깅을 같이 해도 되는지 물었다. 그들은 웃으며 언제든 함께하라고 흔쾌히 허락해주었다.

데이비드는 마침 그날 저녁 조깅이 '이지 런'(easy run, 회복주)이니, 힘들지 않을 거라고 말했다. 오후 5시에 킬루 앞에서 출발하기로 했지만 뒤처지고 싶지 않았던 나는 30분 전에 나와 스트레칭하며 몸을 풀었다. 훈련시간 10분 전이 되자 헬라가 팔 기지개를 켜며 걸어 나왔다. 점심 먹고 잘 쉬었냐고 물었더니 마사지를 받고 낮잠도 잘 자서 기분이 좋다고 했다. 그 뒤로 나온 데이비드와 에드나, 그리고 자넷도 푹 쉬고 난 후의 가벼운 표정이었다.

선수들은 킬루 앞 흙길을 천천히 걷다가 특별한 신호 없이 뛰기 시작했다. 차라리 걷는 게 더 빠르다고 느껴지는 속도였다. 어디까지 달릴 것인지는 특별히 신경 쓰지 않은 채 어떤 느낌으로 발이 땅에 닿는지, 달릴 때 다리의 근육과 관절들이 어떻게 반응하는지 아주 자세히 들여다보는 느낌이었다. 아주 조금씩 달리는 속도가 빨라지긴 했지만, 5min/km를 넘진 않았다. 헬라, 에드나, 자넷은 달리는 내내 스와힐리어로 서로 농담을 주고받고 웃으며 뛰었다. 나는 데이비드에게 물었다.

"데이비드, 원래 이렇게 천천히 뛰나요?"
"회복주는 천천히 뛰어요. 내가 회복주를 선수들과 같이 뛰는 이유는, 선수들이 이것보다 더 빠르게 뛰지 않도록 하기 위해서예요. 내가 페이스를 조절하고, 선수들은 그 페이스를 따라오는 거죠."

"왜요?"
"음… 우리는 오늘 아침에 트랙 위에서 인터벌 훈련을 했어요. 1,000m 열 번을, 마라톤 페이스보다 조금 빠르게. 이건 쉽지 않은 훈련이에요. 저녁에는 천천히 뛰면서 아침 훈련에서 쌓인 피로를 풀어내는 게 필요해요."

빨리 뛰는 것만큼 천천히 뛰는 것도 중요한 훈련이었다. 우리는 케냐와 달리기에 관한 이런저런 이야기를 나누면서 50분 동안 천천히 달렸다. 회복주를 뛰고 나니 몸이 가볍게 느껴지며 기분이 좋았다. 뛰기 전보다 몸에서 더 많은 에너지가 느껴지면서 내일 훈련이 기다려졌다.

케냐 선수들은 고강도 훈련과 아주 천천히 뛰는 훈련을 번갈아가면서 한다. 이 방법은 몸과 마음을 지속적으로 훈련할 수 있는 상태로 유지하도록 한다. 땀을 뻘뻘 흘리고 얼굴을 찡그릴 정도로 온 힘을 다하는 훈련이 진정한 달리기이고 세계적인 마라토너라면 당연히 그런 훈련만 하리라 생각했던 나의 기대는 또다시 깨졌다.

국가대표 선수들은 실전에서 모든 에너지를 쏟기 위해 대회를 앞둔 마지막 고강도 훈련에서도 무리하지 않고 힘을 아꼈다. 온몸의 힘을 소진하며 달리는 일이 신체적 부상과 심리적 압박을 불러와 지속적인 훈련을 힘들게 한다는 사실을 아는 그들은 천천히 달리며 빠름을 축적하고 있었다.

Haraka haraka,
haina baraka
서두르는 것에는
축복이 없다

여자 국가대표 선수들이 대회 전 마지막 고강도 훈련을 하는 날이었다. 이날은 35km 거리를 달리면서 1km마다 속도를 높여 마라톤 페이스까지 끌어올리는 것이 목표였다. 나는 딜란과 함께 데이비드의 차를 타고 선수들을 응원하기로 했다.[16] 자밀은 선수들과 함께 뛰기로 했다.

---

16   케냐 코치들은 선수들이 장거리 훈련을 할 때, 뒤에서 자동차로 따라가면서 음료를 제공하고 뛰는 속도와 거리를 모니터링 한다.

킬루 앞에 모인 헬라, 에드나, 자넷, 그리고 자밀이 회복주와 비슷한 속도로 천천히 마을 중앙을 향해 뛰기 시작했다. 마을을 지나면서 선수들의 페이스를 조절해줄 남자 마라토너가 합류했는데, 이때부터 재미있는 광경이 벌어졌다. 천천히 뛰는 것에 익숙하지 않았던 자밀이 계속 빨리 가자는 손짓을 하며 앞으로 달려나가기 시작한 것이다.

서두르는 자밀(맨 앞 오른쪽)

자밀을 보면서 데이비드와 길버트는 재미있다는 듯 웃으며 말했다.

"자밀, 저러다가 후회할 텐데…"

그렇게 자밀은 10여 분 동안 선두에서 케냐 여자 마라톤 대표 선수들을 이끌어 나가려 했다. 페이스를 조절하는 남자 마라토너는 자밀이 더 빨리 가지 않도록 중간에서 뛰었다. 선수들은 곧 마을 중심부에서 벗어나 옥수수밭이 양쪽으로 난 흙길로 들어섰다.

높고 낮은 언덕들을 지나면서 그들이 달리는 속도가 꾸준히 빨라졌다. 6min/km의 속도로 시작했는데 어느새 5min/km을 넘어 4min/km에 이르고 있었다. 급수 시간이 되자 길버트는 차를 선수들과 가깝게 운전했고, 선수들은 데이비드에게 물을 받아 마셨다. 그리고는 입고 있던 재킷을 벗어 데이비드에게 주었다.

선수들의 얼굴에 땀이 맺히기 시작했다. 맨 앞에서 그룹을 주도하던 자밀은 이제 여자 대표 선수들과 나란히 달리고 있었다. 이제 페이스는 3분대로 진입했다. 여자 대표 선수들의 자세와 리듬은 일정했고, 몸은 가벼워 보였고, 표정에서 어떠한 고통이나 힘듦도 느껴지지 않았다. 지금 이 속도가 억지로 견디는 것이 아니라 몸에 준비된 것임을 느낄 수 있었다. 반면에 자밀은 20km 지점부터 힘겨워하는 표정을 보이더니 결국 25km 지점에서 차에 올라탔다.

차에 탄 자밀은 "그래도 하프 마라톤 거리를 케냐 여자 대표 선수들이랑 뛰었으니까 런던에 돌아가서 자랑할 거리가 생겼네!"라고 말해 우리 모두를 웃게 했다. 언제 어디서나 유머를 잃지 않는 그였다. 헬라, 에드나, 자넷은 계속 장거리주를 이어 갔고, 우리는 끝 지점에 먼저 도착해 그들을 기다렸다.

35km 장거리주 끝 지점에 도착하는 헬라와 에드나

자밀과 달리 케냐 마라토너들은 초반부터 서두르지 않았다. 이러한 여유는 달릴 때뿐만 아니라 일상생활에서도 볼 수 있었다. 4시에 훈련을 시작한다고 하면, 적어도 1시간 전부터 쉬다가 훈련을 하러 나갔다. 달리기 초반에는 천천히 뛰면서, 그날 몸에 맞는 스피드를 몸이 스스로 드러낼 때까지 기다릴 줄 알았다. 절대 무리하지 않는 습관을 들여 부상이나 스트레스 없이 꾸준하게 훈련을 이어 갔다.

이런 방식이 자칫 목표의식이 부족한 것으로 오해받을 수도 있겠지만 그렇지 않다. 그들에게도 목표는 중요하다. 다만 서두르지 않을 뿐이다. 오로지 목표에만 집중하면 그 목표를 이루지 못할 수 있다는 불안에 사로잡힐 수 있다. 자연스레 서두르게 되고, 이는 무리한 훈련으로 이어져 신체적 부상이나 심리적 부담이 발생할 수 있다. 내가 만난 성공적인 케냐 마라토너들은 목표에만 집중하는 것의 위험성을 알고 있었다. 그들은 목표와 그 목표에 도달하기 위한 과정과 가능성 모두에 집중했다.

"달성하기 쉽지 않은 목표지만 그래도 한 번 도전해보자.
어떻게 하면 할 수 있을까? 오늘은 무엇을 하면 좋을까?"

케냐 마라토너들은 목표를 위해 오늘 해야 할 것을 명확히 하고 그것을 해냈다. 그렇게 매일매일 목표에 근접하는 자신을 보며 자신감을 키우고 과정에 더욱 집중했다. 대회에서는 그동안 축적한 에너지를 모두 쏟아내며 성장의 결과를 확인했다. 그들은 서두르지 않았다. 그저 묵묵히 하루하루를 살아낼 뿐이었다. 현재의 빠름을 위해 장기적인 성장을 희생하지 않았다. 케냐 마라토너들은 서두르지 않아서 빨랐다.

세계 수준의 마라톤에는 세계 수준의 쉼이 필요

 대학원 재학 시절 달리기 훈련을 하는 동안 항상 쉴 시간이 부족했다. 1년 반 만에 석사 과정을 마치는 바쁜 스케줄과 프로젝트 미팅, 세미나, 친구들과의 식사 약속 중에서도 꼭 하루에 최소 한 번에서 두 번 달렸다. 아침에는 가벼운 조깅을 했는데, 수업에 늦지 않기 위해 서두르던 경우가 많았다.

 두 번째 훈련은 보통 점심 식사 전에 했다. 오후 수업 시간에 맞춰야 했기에 몸이 풀리지 않은 상태에서 한정된 시간 동안 목표량을 억지로 채운 경우가 많았다. 그렇게 무리한 스케줄과 충분한 휴식 없이 회복이 덜 된 몸으로 계속 훈련을 해나갔다. 결국 심리적 번아웃과 자잘한 부상들이 이어졌다.

 반면 케냐에서는 매일 두 번 이상 달리면서 정말 많이 쉬었다. 달리고 나서 해야 할 일은 식사와 집안 정리뿐이었다. 내가 살던 집에는 인터넷이 없었고, 이텐에는 박물관이나 영화관도 없었다. 놀자고 할 친구들도 없었다. 달리고 먹고, 빨래하거나 집안 정리만 하기에 하루 16시간은 몹시 길었다.

 남는 시간은 모두 쉬는 시간이었다. 그냥 풀밭에 앉아 햇볕을 쬐면서 동네 사람들이나 다른 마라토너들과 차를 마시면서 농담을 하고, 이런저런 이야기를 나누며 쉬는 일이 일상이었다. 책을 읽거나 동네 아이들과 장난을 치기도 했다. 햇빛 아래 있다 보면 자연스럽게 잠이 오는데 굳이 물리치지 않았다. 낮잠을 자고 일어나 물을 마시면서 책을 보다 슬슬 달릴 준비를 했다. 몸은 완전하게 회복되어 있었고 마음에도 여유가 넘쳤다. 그날의 훈련을 잘 해낼 준비가 완벽히 되어 있었다.

케냐 마라토너들은 쉬고, 낮잠을 자는 일에 더하여 전문 마사지사로부터 마사지를 받는다. 베이징 세계 육상 선수권 대회 마라톤을 준비하던 케냐 대표 선수단도 두 명의 전문 마사지사로부터 매일 마사지를 받았다.

딥 티슈 마사지는 훈련을 통해 굳어진 근육들을 풀어주고 심신을 이완시키는 효과가 있다. 나도 마사지사를 소개받아 마사지를 두 번 받았는데, 뭉친 근육들이 확실히 풀리는 것을 느낄 수 있었다. 이러한 마사지는 육상 선수들에게 필수여서, 많은 미국 대학 육상팀 그리고 여러 나라의 국가대표팀이 마사지를 공부한 물리치료사를 두고 있기도 하다.

이렇듯 케냐 마라토너들은 훈련할 때 몸에 쌓이는 스트레스나 긴장을 온전한 쉼과 마사지로 풀어냈다. 아침과 저녁마다 하던 회복주도 또 하나의 '쉼'이었다. 세계적인 마라톤을 위해서는 강도 높은 훈련만큼이나 양질의 쉼도 필요했다.

III
케냐에서 만난 사람들

1 케냐 마라톤의 대부, 브로콤

 케냐에 방문해서 가장 만나고 싶었던 사람은 '케냐 마라톤의 대부'라 불리는 '브로콤'이라는 인물이었다. 지금까지 그가 지도한 수백 명의 선수 중에서 25명 이상이 세계 육상 대회에서 금메달을, 4명이 올림픽에서 금메달을 획득했다. 전 세계를 통틀어 한 사람의 코치가 이만큼 많은 세계 정상급 선수를 배출한 예는 없다. 당연히 1990년대부터 케냐 마라톤이 세계를 제패해온 배경에 그가 있음을 의심치 않을 수 없었다. 그래서 케냐에 가기 전부터 그에 관한 기사와 다큐멘터리를 포함한 거의 모든 자료를 섭렵했다.

 그중에서 다큐멘터리 <Man on a mission>[17]을 통해 브로콤의 코치 철학과 선수 훈련 방식에 대한 호기심을 상당수 해결할 수 있었지만, 그에게 직접 묻고 싶은 질문들이 더 많아졌다.

 '왜 아일랜드의 편안한 삶을 포기하고 케냐의 조그만 시골 마을로 향했을까? 달리기에 대한 아무런 지식도 경험도 없던 그가 어떻게 이렇게 많은 세계적 선수를 육성할 수 있었을까? 그가 선수를 대하는 방식은 어떨까?'

 케냐에 도착한 나는 무작정 성 패트릭 고등학교를 찾아가 그에

---

17 https://youtu.be/LmXN-kQZ04M (*QR코드-231p)

게 만남을 청했고, 그는 급작스러운 방문에도 따뜻한 밀크티를 내어주며 나를 맞이해 주었다. 강인하고 엄격한 코치의 이미지를 떠올렸던 나의 예상과 달리 그는 인자함과 진중함으로 가득했다.

브로콤의 본명은 'Colm O' Connel'인데, 사람들은 '형제님'(Brother)이라는 호칭을 앞에 붙여 '브라더 콤'(Brother Colm), 혹은 '브로콤'이라 부른다. 1976년, 26세의 나이로 지리학과 경제학을 전공하고 대학을 졸업한 그는 자신이 세상에서 어떤 일을 해낼 수 있을지 고민했다. 아일랜드 출신의 선교사이자 14살 때부터 '성 파트리치오 교직 형제회'의 일원으로 꾸준히 봉사해온 그에게 케냐 고지대에 있는 작은 마을 '이텐'이 눈에 띄었고, 그곳에 있는 성 패트릭 고등학교에 교사가 부족하다는 소식에 곧장 이텐으로 향했다.

성 패트릭 고등학교에서 교사생활을 시작한 그에게 당시 방과 후 육상 프로그램을 맡고 있던 미국 출신의 코치가 자신이 떠나면 이어서 프로그램을 맡아달라고 부탁했다. 브로콤은 본인 말고는 맡을 사람이 없었고, 학생들이 체계적인 훈련을 통해 목표를 이루어 나가는 과정을 스스로 경험하면 좋겠다는 생각에 육상이나 스포츠에 대한 아무런 경험과 지식이 없음에도 불구하고 학생들과 함께 공부하며 달리기를 가르치기 시작했다.

안정 대신 모험을 선택하다

김성우(이하 김): 아일랜드의 편안한 삶을 떠나 케냐의 시골 마을로 간 이유가 무엇인가요?

브로콤(이하 브): 모험을 해보고 싶었어요. 우리가 흔히 부족하다고 여기는 삶이 실제로 어떤지도 궁금했고요. 이텐이 저에게 상당히 낯선 곳이었지만, 그 마을만의 문화가 담긴 곳에 가면 제가 기대하지 못한 것을 배우고, 제가 가진 무언가를 그들과 나눌 수 있지 않을까 했어요. 스스로 좀 더 성장할 장소와 기회를 찾고 있었던 거죠.

지금도 그렇지만, 당시 케냐에서 고등학교 진학은 아무에게나 주어지는 기회가 아니었어요. 그래서 학생들은 무엇이든 열성을 다해 배우려 했죠. '육상에 대해 아무것도 모르는 이 아저씨가 뭘 가르친다는 거야?'라고 반응할 수도 있었겠지만, 이텐의 학생들은 열린 마음으로 뭐든지 같이 배우고 경험할 기회라고 생각하며 저를 반겨주었습니다.

김: 육상에 관한 지식이나 경험이 전혀 없는데도 어떻게 달리기를 가르치겠다고 생각하신 건가요?

브: 열망이 우선이고 거기에 헌신을 더하면 나머지는 저절로 따라온다고 생각했어요. 저에게는 달리기를 통해 학생들이 목표를 이루는 경험을 만들게 하고 싶다는 열망이 먼

저였고, 학생들과 함께 열심히 부딪히고 실수하면서 함께 배워가다 보니 자연스레 달리기에 관한 지식이나 기술이 쌓이면서 여러 기회도 만날 수 있게 되었어요.

학생들에게 달리기를 가르치기 시작한 브로콤은 달리기에 관해 학생들이 가지고 있던 두 가지 편견을 마주하게 되었다. 하나는 난디(Nandi)지역 출신만 육상 선수가 될 수 있다는 것이었다. 실제로 당시 유명한 육상 선수는 전부 난디 지역 출신이었다. 그래서 브로콤은 난디 출신이 아니더라도 훌륭한 선수가 될 수 있다는 믿음을 심어주어야 했다.

또 다른 편견은 여자는 달리기하면 안 된다는 인식이었다. 당시 케냐는 여성의 역할을 남성의 결혼 상대와 가사 노동에 한정하는 사회적 인식이 지배적이었기 때문에 여성이 운동한다는 것을 상상하지 못했다. 다행히 이텐에 위치한 또 다른 학교인 싱노어 여자 고등학교 교장과의 친분 덕에 그는 케냐의 첫 번째 여성 크로스컨츄리 세계 챔피언인 리디아 체로메이(Lydia Cheromei)를 지도할 수 있었다.

케냐의 첫 여성 세계 육상 선수권 대회 챔피언인 살리 바소스치오(Sally Barsosio)도 브로콤이 지도한 선수다. 이렇게 브로콤과 함께 훈련한 여성 선수들이 세계적인 성공을 거두면서 여성의 역할을 한정했던 사회적 편견에 조금씩 균열이 생기며 인식의 변화가 이루어지기 시작했다. 여성 자녀를 둔 부모들이 자신의 딸이 부유한 집안과 결혼하는 것보다 육상 선수를 할 때 더 큰 성공을 거둘 수 있다는 것을 깨닫기 시작한 것이다.

이렇게 케냐 육상 선수들이 세계무대에서 성공을 거두면서 달리기는 케냐에서 점차 직업이 되었다. 선수들이 대회에서 받은 상금이나 육상 선수로 활동하며 받은 수입으로 생계를 꾸려갈 수 있게 되었기 때문이다. 선수들의 훈련 방식도 달라졌다. 이전에는 직장 근처에서 남는 시간에 훈련했다면, 최상의 훈련을 할 수 있는 장소에 모여 오로지 훈련에 전념하게 된 것이다. 자연히 브로콤이 있는 이텐은 케냐의 육상 선수들이 훈련을 위해 모여드는 장소가 되었다.

케냐의 올림픽 보이콧이 브로콤에게 선물이 되다

 브로콤은 자신의 성공과 업적에 대해 '운이 좋았다'고 표현했다. 케냐 육상이 막 성장하려던 시기에 케냐에 와서 운이 좋았다는 것이다. 대가에게서 자연스럽게 흘러나오는 겸손이기도 하지만 당시 케냐가 올림픽 참여를 보이콧 했던 것이 오히려 그가 성과로부터 자유롭게 훈련할 수 있는 계기가 되기도 했다.

 케냐는 1976년 몬트리올 올림픽과 1980년 모스크바 올림픽에 참여하지 않았다. 세계무대에 도전할 기회가 없었기 때문에 성적에 대한 부담을 느낄 필요도 없었다. 그 시간이 브로콤에게는 육상이라는 스포츠를 천천히 인내하며 배울 수 있는 시간이었다고 한다. 그는 달리기에 처음 입문한 14~16세의 학생들과 함께 배워보자는 마음가짐으로 차근차근 육상을 공부하기 시작했다고 한다.

> 브: "오늘 한 훈련은 어땠어? 몸의 기량이 좀 더 좋아졌다고 느끼니?" 이런 질문을 하며 저도 학생들로부터 배웠어요.

 브로콤이 케냐에 온 1976년부터 1980년대 초반까지, 중·장거리 육상은 영국이 제패하고 있었다. 세바스찬 코(Sebastian Coe), 스티브 오벳(Steve Ovett), 스티브 크램(Steve Cram) 등 세계적 선수가 모두 영국 출신이었다. 달리기를 처음 공부하기 시작한 당시의 그가 영국 선수들을 넘어서겠다는 포부를 가졌을지 궁금했다.

김: 달리기를 학생들에게 가르치기 시작했을 때 영국을 뛰어넘고 싶은 생각이 있었나요?

브: 아니요. 케냐에 왔을 때 케냐인들에 대해, 특히 제가 가르치던 고등학생들의 삶에 대해 아무것도 알지 못했어요. 그들이 달리기를 대하는 태도나 문화에 대해서도 아는 게 없었죠. 그런 상황에서 세계적인 선수를 육성하겠다고 마음먹기 쉽진 않죠.

저는 어린 학생들을 육성하는 데 집중하고 싶었어요. 지금도 마찬가지고요. 시간이 걸린다는 걸 그들이 이해하도록 도와주고 싶었어요. 한 세대, 아니 두 세대가 걸릴 수도 있다고 생각했죠. 실제로도 시간이 꽤 걸렸고요.

제가 가르쳤던 첫 세대 선수들은 큰 성공을 거두지는 못했어요. 그들과 많은 실패와 실험을 함께 거치면서 케냐의 어린 학생에게 맞는 훈련법을 차차 개발하게 되었죠. 저와 같이 훈련한 선수 중에서 처음으로 올림픽 금메달을 딴 선수가 나오기까지(1988년 서울 올림픽) 12년이 걸렸어요.

ⓒ김성우

브로콤과 선수들

　12년이라는 시간 동안 브로콤과 선수들이 기울인 노력에 나는 경외심을 느끼는 한편으로 그들이 성과의 압박에서 벗어나 여러 실험을 계속할 수 있었던 환경이 그들에게 맞는 시스템을 개발하는 데 중요한 역할을 했을 것이라는 생각이 들었다.

>　브: 누구도 신경 쓰지 않는 이텐이라는 작은 마을에서 그렇게 우리만의 달리기를 개발해 나갔어요. 우리에게 도움이 되는 것은 계속 개발했고, 그렇지 않은 것들은 과감히 버렸죠.
>　제가 오기 전인 1970년대 케냐에서 세계적인 성공을 거둔 육상 선수들은 장학금을 받고 미국에서 학업을 마치고 돌아오거나, 케냐 육군 소속으로 훈련한 선수들이었어요. 미국이나 영국에서 개발한 시스템을 통해 육성된

거죠. 케냐에서 나온 시스템은 없있기 때문에 이텐에서 저와 학생들이 12년이 넘도록 '케냐 시스템'을 개발해 나갔던 거예요.

김: 14~16세 케냐인들에게 맞는 시스템 말이죠.

브: 그렇습니다. 미국이나 영국이 아닌, 케냐의 방식이에요. 한 가지 분명한 점은, 이텐에서 만들어진 케냐 시스템을 저 혼자 개발한 게 아니라는 거예요. 이건 케냐 학생들과 같이 '발견'해낸 거죠. 많은 시도와 실패를 함께 경험하면서요. 두 번의 올림픽 보이콧 후 1984년 LA 올림픽에 제가 가르치던 2명의 남학생과 2명의 여학생이 케냐 대표로 참가했어요. 세계무대에 첫발을 내디딘 순간이었죠. 그때 긴 배움의 시간 동안 해본 다양한 시도가 성과를 맺고 있다는 확신이 들었어요.

저와 함께 훈련한 학생들이 뉴욕, 보스턴, 서울, 바르셀로나 등 마라톤 대회의 시상대를 점점 휩쓸기 시작하기 전까지 이텐을 몰랐던 사람들이 점차 이텐을 주목하게 되었어요. '이텐에서 도대체 무슨 일이 일어나고 있는 거야? 무언가 있는 게 분명하다!'라며 말이에요. 수많은 나라의 취재진과 선수, 코치가 케냐 시스템을 보기 위해 이텐에 찾아오기 시작했어요.

김: 세계 곳곳에서 케냐 시스템, 케냐의 방법을 외치며 이텐으로 찾아오잖아요. 저도 그렇고요(웃음). 그런데 케냐

시스템은 말씀하신 것처럼 케냐 선수들에게 맞추어 만들어진 것인데, 이걸 그대로 배운다고 해서 효과가 있을까요?

브: 사회에서 성공을 따지는 분야들, 예를 들어 비즈니스, 교육, 건강, 스포츠 같은 분야를 보면, 항상 성공한 모델을 따라 하려고 하죠. 결과물을 그대로 따라 하려는 경향은 어디에나 있어요. 그런데 그 결과물이 어떻게 만들어졌는지 정확히 볼 수 없다면 이야기가 달라집니다.

김: 이야기를 처음부터 끝까지 보지 못하는 거죠.

브: 그렇죠. 나무에 열린 과일을 보고 나무를 공부해야 하는데 과일만 계속 공부하는 거예요. 성공한 결과물이 있는 곳에 가서 "나도 저 사람들처럼 결과물을 만들어내면, 성공할 수 있겠구나."라고 하는 거죠. 그게 그렇게 간단하지 않은 데도 말이에요.

예를 들어, 사람들은 데이비드 루디샤(David Rudisha)를 보고, '나도 데이비드가 지금 하는 훈련을 하면 데이비드처럼 될 수 있겠지?'라고 생각해요. 그런데 사람들은 지금의 데이비드가 있기까지의 과정을 보지 못했어요. 단지 현재의 데이비드만 보고 따라 하려는 거죠.

어느 분야든 '성공'에 대해 생각할 때, 이곳부터 저곳까지 한 번에 가는 것이 가능하지 않다는 걸 이해해야 해요. 정상까지 가려면 여러 단계를 거쳐야 하니까요. 물론, 성공한 케냐 선수들을 보고 동기 부여가 되는 건 좋은 일 같아요. 하지만 그들이 지금의 위치에 가는 것을 가능케 한 수많은 과정과 시간도 볼 줄 알아야 해요.

우리는 성공의 비법을 찾을 때 곧잘 성공의 '결과'에만 집중한다. 정작 성공의 비법은 과정과 동기에 있는데 말이다. 브로콤의 이야기를 들으며 2014년 여름의 기억이 떠올랐다. 대학원 진학을 앞두고 한 연구소에서 인턴을 하던 나는 출근 전에 15km를, 퇴근 후에 10km를 달리는 훈련 계획을 세웠다. 이 훈련은 2달을 넘기지 못했다. 일상생활에 금방 지장이 오면서 달리기에 대한 흥미와 기력도 빠르게 소진되었기 때문이다. 달리기를 시작한 지 1년도 되지 않은 내가 엘리트 선수들의 훈련 일정을 따라 하려고 했던 것이 화근이었다.

선수이기 전에 사람입니다

브로콤이 처음 학생들에게 달리기를 가르치기 시작할 때는 그도 배워가면서 가르쳤겠지만, 오랜 시간 동안 여러 성공의 경험을 쌓으면서 성공하는 방법에 대한 그만의 노하우를 만들 수 있게 되지 않았을까. 과정과 동기를 강조하는 그가 과연 선수들을 어떻게 만나고 또 지도하는지 궁금했다. 선수들의 기량을 성공적으로 향상시키는 일종의 공식 같은 것을 기대했던 나에게 그의 이야기는 꽤 충격적이었다. 그는 선수들의 달리기를 코칭하는 것이 아니라 삶을 코칭하고 있었다.

김: 12년 동안의 시행착오 끝에 얻은 교훈은 무엇인가요?

브: 코치가 이 세상에 존재하는 모든 훈련 방법을 알고, 좋은 전술을 짤 수도 있어요. 그런데 그런 기술적인 것보다는 같이 커 가는 선수를 향한 관심이 훨씬 중요해요. 선수들이 어떤 생각을 하는지, 왜 그렇게 생각하는지를 이해해야 해요. 어떻게 그들과 좋은 관계를 만들어나갈 것인지, 내가 그들에게 어떤 의미인지 알아야 하죠. 그들에게 제가 단지 달리기만을 알려주는 '코치'로서만 존재할 수는 없어요. 그들의 전반적 삶의 멘토로써 다가가야 한다고 생각해요.

브로콤은 그를 찾아오는 14~16세의 선수들에게 성공할 가능성이 50% 이상 준비되어 있고, 코치는 선수가 지닌 가능성을 드러나게 도와주는 사람이라고 생각한다. 그래서 코치로서의 경험과 지식보다 가르치려는 학생을 이해하는 것을 더 중요하게 여긴다.

> 브: 제가 어떤 코치이냐보다 제 앞의 학생이 더 중요해요. 어떤 마음을 가졌는지, 어떤 것을 좋아하고 어떤 것을 힘들어하는지, 즉 '어떠한 사람'인지 알아가야 해요. 여기서 제 시스템이나 훈련 방법은 전혀 중요하지 않습니다.
> 저와 함께 새로 훈련을 시작하려는 어린 학생에게 제가 훌륭한 선수들을 키웠다는 사실은 하나도 중요하지 않아요. 지금 제 앞에 있는 새로운 선수를 있는 그대로 바라보고, 그의 말을 귀 기울여 들어야 해요. 이제 막 육상을 시작한 학생이 선수로 성장하는 동안 저도 코치로서 다시 자라야 합니다. 저의 경험과 지식이 선수와 저 사이에 끼어들면 안 됩니다. 그러려면 지금까지 제가 육성한 선수들로부터 얻은 경험이나 지식을 모두 잊어야 하죠.

오랜 시간 쌓아온 경험과 지식을 발휘하는 것이 아니라 잊는다는 것이 내겐 꽤나 충격적이었지만 그 대신 초심을 얻을 수 있겠다는 생각이 들었다.

김: 큰 성공을 거두고도 겸손과 평정심을 유지하고 계신 것 같아요. 대개는 그러기 쉽지 않은데, 오랜 시간 동안 변함없이 초심을 유지하는 비결이 있을까요?

브: 요즘 젊은이들은 어떤 분야에서든 슈퍼스타가 되고 싶어 하는 것 같아요. 그런데 재능 말고도 자기 자신을 이해하는 능력, 성공했을 때 지금까지 걸어온 길을 있는 그대로 바라볼 수 있는 용기, 정말 중요한 것에 집중할 수 있는 능력이 없으면, 성공한 뒤에 쉽게 길을 잃을 수 있어요. 어느 분야든 놀라운 재능을 발전시켜서 세상에 나왔다가 잘못된 경우가 수없이 많아요. 그래서 저는 학생들에게 항상 성취를 가능하게 한 뿌리를 잊지 말라고 강조해요.

김: 새뮤얼 완지루(Samuel Wanjiru)[18]가 기억나네요. 러너로서는 정말 대단했는데 말이에요.

브: 새뮤얼의 삶은 재능과 달리기에만 집중되었어요. 한 사람의 삶을 이루는 다른 중요한 요소들을 경험하거나 일구어낼 기회조차 없었죠. 달리기 선수로서 엄청난 성공을 거두면서, 세속적인 성공에 대한 압박이 새뮤얼을 무

---

[18] 18살에 하프 마라톤 세계 신기록을 세우고, 시카고 마라톤 2회 우승(2009, 2010), 런던 마라톤 우승(2009), 베이징 올림픽(2008) 마라톤 금메달 등의 성공을 이뤄낸 전설적인 달리기 선수. 가난한 집안에서 태어나 달리기에 재능을 발견한 뒤 일본으로 유학을 가 훈련하였고, 다른 어떤 것도 생각하지 않고 달리기만을 위해 살았다. 성공을 통해 그는 부와 명예를 얻었지만, 알코올 중독자가 되었고 결국 비극적인 죽음을 맞았다.

너뜨렸어요. 다른 분야에서 성공하는 사람들도 이러한 경우가 많죠. 그래서 자신의 사업을 운영하든 다른 운동을 하는 선수이든, 우리 삶에는 재능보다 더 많은 요소가 필요해요. 무엇을 하든 삶의 일부이니까요.

브로콤은 학생들을 훌륭한 선수보다는 훌륭한 사람으로 성장하도록 돕는 것에 더 집중했다. 그것은 어린 학생들의 재능을 키워주고 무엇보다 좋은 사람으로 자라도록 돕고자 했던 그의 초심과도 통하는 것이었다.

브: 한 육상 선수가 운이 좋으면 33살, 더 좋다면 35살까지 경력을 이어갈 수 있을 거예요. 그런데 은퇴하기 전까지 선수 생활에만 집중했다면 은퇴를 앞두고 눈앞이 깜깜해질 거예요. '이제 나는 무엇을 해야 하지? 세상에서 어떤 역할을 할 수 있지? 이제 어디로 가야 하지?'
잘 나가는 운동선수일 때는 사람들이 영웅이라 칭송하지만, 은퇴 후에는 역사의 일부로 남게 될 뿐이에요. 선수로서 얻게 된 것들은 은퇴 후 선수가 아니게 되는 순간 사라질 수 있어요. 그래서 저는 어린 학생들이 평생 육상만 할 것이 아니라는 점을 늘 기억시켜요. 더 좋은 삶을 살도록 준비시키고 그를 위한 가치를 심어주기 위해 고민하고 노력해요.

비록 3부 리그였지만, 나는 대학 재학 시절 학교 축구팀의 선수였다. 당시 코치는 야망이 크고 성과를 좇는 사람이었다. 그는 모든 훈련에서 기술적인 부분을 중시했고, 철저하게 자기 뜻을 따르도록 선수들을 몰아붙였다. 그런 코치와 인간적인 관계를 맺은 선수는 단 한 명도 없었다. 나를 포함해 그의 앞에서 경직됐던 선수들이 코치가 없는 자리에선 그를 우스꽝스럽게 흉내 내며 농담거리로 삼을 뿐이었다. 만약 그 코치가 브로콤처럼 우리와 축구 말고 삶에 대해서도 함께 고민하고 이야기했더라면 어땠을까? 그랬다면 그는 우리 팀을 강력하게 묶는 원동력이 될 수 있었을지도 모른다.

브로콤은 어린 운동선수들을 훈련시킬 때 운동과 재능에만 집중하는 '엘리트 육성'이 지닌 문제점을 지적했다. 재능은 성공으로 가는 첫 삽을 뜰 수는 있지만, 성공 이후의 삶을 유지하는 것은 재능만으로는 부족하기 때문이다. 브로콤이 선수의 재능보다 선수 그 자체를 보고, 선수가 훌륭한 사람으로서 살아가는 것을 훈련의 목표로 삼는 이유다.

브: 한 선수를 성장시키고자 할 때, 그의 삶 자체를 바라보아야 해요. 제가 50명의 학생을 맡아서 훈련한다면 그중에 몇 명이나 올림픽 메달을 딸 수 있을까요? 많아야 3명, 운이 좋아야 5명 정도라고 생각해요.
그럼 나머지 45명의 학생은 성장하지 못한 걸까요? 코치가 선수들에게 성공만을 기대한다면 선수들은 금방 실

망하고 열정도 잃어버리게 돼요. 학생들은 코치가 "나는 네가 올림픽 챔피언이 되는 것만 중요하다"라고 직접 말하지 않아도, 코치의 행동과 눈빛만으로도 금세 알아차려요. 아주 예민해요.

김: 어른들이 자기에 대해 어떻게 생각하는지 금방 알죠.

브: 맞아요. 경기에 나간 선수가 기대했던 만큼 성적을 내지 못했을 때, 이미 선수 스스로 크게 실망하게 돼요. 수많은 날 동안 열심히 훈련했을 테니까요. 그 순간에 '아, 코치는 어디 있지? 보기도 싫다'라고 생각하는 선수들이 있어요. 왜 그럴까요? 코치가 자신의 성적에만 신경 쓴다는 사실을 알고, 자신에게 실망을 느꼈을 거라고 직감으로 알기 때문이에요.

하지만 이러한 순간에 '오, 코치가 저기 있구나'라며 코치에게 자연스럽게 가는 선수들도 있어요. 선수 자신이 실망을 느낀다는 점을 코치가 안다고 믿고, 코치가 아무 말을 건네지 않아도 자신과 공감하고 있다는 것을 알아요. 그게 제가 원하는 관계예요.

선수의 기술적 훈련이나 프로그램, 전술을 짜는 일은 사실 쉬워요. 1~2년 정도의 공부와 스톱워치, 휘슬(whistle), 클립보드만 있으면 돼요. 그런데 선수가 실패했을 때 그의 옆에 있어줄 수 있는지, 선수가 실패했을 때 함께 있기를 원하는지 등, 선수와 좋은 관계를 형성하는 일은 코치로서 어렵더라도 해야 하는 아주 중요한 일이에요.

 선수로서 성공할 수 있는 재능 보다 선수의 삶을 더 중요시하는 브로콤에게 '좋은 선수'란 무엇일까. 그는 선수의 '재능'보다 '기질'에 주목한다. 2012년 런던과 2016년 리우 올림픽에서 2회 연속 우승하고 800m 세계 기록을 보유하기도 한 데이비드 루디샤(David Rudisha)를 브로콤이 처음 만났을 때 그는 우승권에서 거리가 먼 선수였다.

김: 왜 계속 5등을 하던 데이비드를 주목하셨던 건가요?
브: 처음 데이비드를 봤을 때 큰 키와 우아한 주법이 조금 인상적이었을 뿐, 다른 특별한 점은 보지 못했어요. 그런데 몇 개월 뒤에 다른 지역에서 열린 대회에도 참가하더군요. 제가 알고 지내던 코치가 거기서 데이비드를 보고 저한테 이야기해주었어요. "마사이 부족 출신 다리가 긴 어린 남자아이 있잖아. 이번 대회에도 나왔던데." 그런데 모든 대회에서 데이비드는 계속 3등 이하였어요.
'우승을 못 하면서도 계속 도전하는 걸 보면 자기 안에 무언가가 있다는 걸 이 선수는 보는 듯싶은데, 나도 그걸 볼 수 있지 않을까?' 하는 호기심이 들었죠. 패배하면서도 계속 도전하는 데이비드의 모습에서, 그만의 기질을 본 거죠.

브로콤이 키우는 것은 '달리기 선수'가 아니라 '달리기하는 사람'이라는 것을 이제 완전히 이해할 수 있었다. 그렇다면 훌륭한 선수보다 훌륭한 사람을 키우고자 하는 그의 철학 속에서 훌륭한 선수는 어떻게 만들어지는 것일까.

김: 그동안 가르친 선수 중에서 뛰어난 업적을 이룬 선수들이 공통적으로 지닌 특징이 있을 것 같아요.

브: 일단 '훌륭한 사람'이라는 공통점이 있죠. 선수마다 서로 달리 가지고 있는 성격, 집중력, 달리기에 대한 헌신, 평정심 같은 것들이 종합적으로 작용해요. 달리기에 대한 마음가짐과 달리고자 하는 동기 역시 중요하죠.

김: 선천적인 신체 능력만큼이나 중요한 게 많다는 말씀이시죠?

브: 맞아요. 신체적인 조건이 절대 전부가 아니에요. 캠프를 열 때마다 보통 50명 정도의 어린 학생들을 가르치는데 그중에서 대략 20여 명만이 운동선수로 살아갈 수 있다고 봐요. 엘리트의 세계는 갈수록 경쟁이 심해지고 있으니까요. 나머지 학생들은 다른 방식으로 자신의 삶을 만들어나가야 하죠.

그래서 그들이 나중에 달리기 선수가 되든 다른 길로 가든, 제 프로그램에서는 모두 앞으로의 인생에 도움이 될 것을 배우고 나가야 해요. 예를 들면, 절제력을 배우는 거죠. 살면서 무엇을 하든, 목표에 지속적으로 집중하려면 다른 불필요한 사항을 절제해 나가는 게 중요해요. 운동선수가 주말마다 술을 마시거나 놀러 나갈 수 없는 것처럼요.

또한, 주의를 집중하는 일, 성공과 실패에서 평정심을 유지하는 일, 다른 사람들과 잘 어울리는 일도 가르쳐요. 규칙적인 생활을 이어가는 일도 중요해요. 어떠한 삶이든, 매일 반복적으로 해야 하는 일을 잘 해낼 수 있어야 해요. 운동선수로서 하는 훈련은 이 과정의 일부일 뿐이에요. 그저 잘 달리기 위한 것들만 가르칠 순 없어요.

브로콤이 강조하는 '절제'는 특히 청소년기에 해당하는 14~16세의 어린 학생들에게 특히 중요하다는 생각이 들었다. 절제와 평정심을 삶의 태도로 갖춘 사람이라면 달리기 선수로서 성공 여부와 관계없이 삶을 잘 살아갈 수 있을 것이다. 왜 브로콤과 함께 훈련한 선수들이 육상 선수로 성공을 거둔 뒤에 성공의 달콤함에 취하지 않고 건강한 삶을 이어가는지, 성공을 거두지 못한 선수들도 각자의 삶을 잘 꾸려가는지 이해하게 되었다.

그리고 달리기에 대한 나의 태도를 돌아보게 되었다. 그동안 성과에 대한 강박관념을 가졌던 것은 아닌지 스스로 물었다. 더 빨리 더 오래 달리는 것을 좇느라 일상에 소홀했던 시간이 떠올랐다. 그리고 달리기가 내 삶을 지배하는 것이 아니라, 내 삶 안에 달리기를 두어야겠다고 다짐했다.

2 아테네 마라톤 2회 우승자, 레이

레이는 아테네 마라톤 2회 우승 경력(2010, 2012년)을 지닌 케냐 국적의 마라토너다. 그리스인이 아닌 마라토너가 아테네 마라톤에서 두 번 우승한 것은 레이가 유일하다. 그는 지금도 기량이 뛰어난 선수들과 훈련하기 위해 이텐에서 10평 남짓한 공간에서 동료 마라토너와 합숙하며 2주마다 아내와 자녀들이 있는 고향을 다녀온다. 긴 다리로 가볍게 성큼성큼 달려나가는 그의 모든 동작에는 불필요한 에너지가 하나도 없어서 가끔 수도승 같다는 느낌을 받는다.

1984년 케냐 리프트 밸리(The Rift Valley)의 작은 마을에서 태어난 레이는 가난한 가정환경 속에서 자랐다. 4km 거리에 있는 학교를 걷거나 뛰어서 통학했고, 2km 거리의 집에서 가장 가까운 우물까지 매일 걸어서 다녀와야 했다.

살아남기 위해 달리기 시작하다

　19살에 학교를 졸업한 레이는 일자리를 구하는 데 어려움을 겪었다. 그러던 중 마을에서 마라토너로 활동하면서 돈을 많이 버는 선수들을 보고 '나라고 못 할 이유는 없잖아?'하고 생각했다. 농사를 지으려고 해도 땅이 없었던 그에게 달리기는 거의 유일하게 남은 마지막 수단이기도 했다. 땅 위에서 두 발로 달리면 되기 때문이다. 맞는 신발이 없어 맨발로 뛰다 돌부리에 발을 다치는 바람에 오랫동안 훈련을 쉰 적도 있었지만, 가난에서 벗어나고 싶다는 열망을 원동력 삼아 그는 계속 달렸다.

> 김성우(이하 김): 달리기로 삶을 바꿔보자고 결심한 뒤 바로 이텐으로 와서 훈련한 건가요?
>
> 레이(이하 레): 고향에서부터 시작했어요. 제 고향도 훈련하기 아주 좋은 환경이거든요. 체랑가니 언덕(Cherang'any Hills) 부근인데 이텐보다 언덕이 많아요(웃음). 세계적으로 유명한 다른 지역 출신 선수들도 와서 훈련하곤 했어요. 모세스 킵타누이(Moses Kiptanui)[19]뿐 아니라 비슷한 수준의 선수들이 와서 훈련했죠. 조셉 체벳(Joseph

---

[19]　전설적인 3,000m 장애물 달리기 선수. 1996년 애틀랜타 올림픽에서 은메달, 세계 육상 선수권 대회에서 3회(1991, 1993, 1995) 연속으로 금메달을 수상한 기록을 갖고 있다. 1997년에는 은메달을 수상했다.

Chebet)[20]도 우리 마을 출신이고요. (풀 코스 마라톤) 2시간 6분대 선수들을 많이 배출했어요.

김: 달리기를 처음 시작했을 때 훈련은 어떻게 하셨나요?
레: 매일 뛰지는 못했어요. 몸이 훈련에 익숙해지기 전이라 훈련한 다음 날이면 온몸이 쑤시고 아팠으니까요. 오늘 뛰면 내일 쉬는 식으로 했어요.
김: 본인이 성공적인 마라토너가 될 수 있던 원동력은 무엇이라고 생각하나요?
레: 훈련이죠. 밸런스가 잡힌 훈련을 하고, 좋은 식단을 유지하고, 잘 쉬면 성장할 수밖에 없어요.
김: 좋은 식단이란 어떤 거죠?
레: 우갈리, 그리고 자연에서 나오는 채소와 과일 같은 음식이죠. 물도 많이 마셔주고요. (김: 케냐의 밀크티도 빼놓을 수 없겠죠) 물론이죠.
김: 평균적인 하루 훈련 스케줄이 어떻게 되시나요?
레: 오전 6시에 40분 동안 8,000m를 뛰어요. 그리고 차와 빵을 먹고 쉬다가 10시에 메인 훈련을 해요. 18~20km를 느리지 않은 속도로 뛰어요. 보통 65~75분 안에 뛰죠. 그

---

[20] 암스테르담 마라톤(1996년, 2시간 10분 57초), 보스턴 마라톤(1999년, 2시간 9분 52초), 뉴욕 마라톤(1999년, 2시간 9분 14초), 비엔나 마라톤(2003년, 2시간 14분 49초)에서 우승하며 경제적 부와 사회적 지위를 얻은 선수다.

리고 과일을 먹고 물을 마시고 쉬다가 오후 1시에 점심을 해 먹죠. 콩, 밥, 수쿠마 위키를 먹어요. 그 후 4시까지 쉬다가 다시 40분 동안 8,000m를 조깅해요. 그리고 차를 마시면서 쉬다가 오후 8시에 우갈리와 마나구(아프리카 전통 채소 음식)를 우유 한 잔과 함께 먹으면서 하루를 마무리해요.

김: 엄청난 훈련량이네요. 쉽지 않겠어요.

레: 맞아요, 힘든 훈련이에요. 하지만 해내야죠. 무언가 얻기 위해서는 열심히 훈련해야 하니까요.

김: 케냐 마라토너들과 이야기를 나눠보니, 훈련할 때 가장 빨리 뛰는 선수가 실제 경주에서는 좋지 않은 성적을 내는 경우가 많다고 하더군요. 왜 그럴까요?

레: 훈련에는 밸런스가 필요해요. 훈련에 모든 힘을 다 쓰면 실전에서 잘 뛰지 못해요. 오늘 온 힘을 다해 뛰고, 내일도 그다음 날에도 그렇게 뛰면… 기력이 다 소진되겠죠. 강도 높은 훈련을 하느라 몸이 회복되지 못한 상태로 마라톤에 나가면, 25~30km까지는 잘 가다가 갑자기 힘이 쫙 빠져요. 그 순간 필요한 힘을 훈련에서 이미 써버렸으니까요.

---

21 몸의 회복을 위해 몸을 점검하며 달리기 효율을 높이는 훈련으로, 1km를 5분에서 7분에 지나는 속도로 천천히 뛴다. 주로 아침과 저녁에 한다.

모든 훈련마다 기력을 소진하면 안 돼요. 중도를 걸어야 하죠. 쉽지 않으면서 또 너무 힘들지 않은 강도를 유지해야 합니다. 물론, 최선을 다하는 훈련도 필요해요. 특히 최고 속도로 훈련할 때에는 마음껏 속력을 내야 하죠.

그래서 코치가 우리에게 늘 페이스를 정해줘요. 특히 회복주[21]를 할 때나 지속주를 할 때요. 넘지 말아야 할 페이스를 정해줍니다.

김: 그런 훈련을 할 때 더 빨리, 더 멀리 뛸 수 있겠다는 생각도 들겠네요?

레: 자연스레 더 빨리 뛰고 싶죠. 하지만 그 페이스를 유지해야 해요. 너무 빨리 뛰려고 하는 마음으로부터 자신을 보호해야 해요. 이제 막 훈련을 시작하는 선수들이 서툰 부분이 이겁니다.

김: 그래도 컨디션이 좋은 날은 빨리 뛰고 싶다는 마음이 몸에서 우러나올 것 같은데, 그런 적은 없으신가요?

레: 물론 있죠. 그래서 코치가 어떤 날은 최고 속도로 달려보라고 할 때도 있어요. 그렇지 않은 날엔 정해진 페이스를 지켜야 해요. 힘을 아껴야 몸이 회복하고, 계속 성장할 수 있어요.

회복주를 할 때 우리는 페이스를 정해줄 동료들을 정해요. 누가 오늘 컨디션이 가장 좋은지 묻고 컨디션이 가장 좋은 친구들이 맨 앞에서 뛰는 거예요. 컨디션이 좋다고 빨리 뛰지 않고 페이스를 지키면서. 그들에게 책임감을 부여하는 거죠. 그들은 책임감을 기르고, 우리는 회복주를 완료하죠. 그렇게 같이 성장하는 겁니다.

김: 천천히 뛰기가 왜 중요하죠?

레: 많은 러너가 천천히 뛰기를 싫어해요. 5min/km 속도보다 천천히 달리면, 느려진다고 생각하는 사람들이 많아요. 하지만 천천히 뛰기는 고강도 훈련에서 생기는 피로를 해소하는 데 도움이 되고 자세를 바로잡는 데도 좋아요.

성공적인 마라토너는 균형 잡힌 훈련과 좋은 식단, 그리고 휴식을 통해 만들어진다는 레이의 솔직하고 담백한 답변 뒤에는 달리기를 통해 삶의 기회를 모색하고자 했던 절실함이 자리하고 있다고 생각한다. 레이처럼 가난을 벗어나기 위해 달리기를 시작해 성공한 마라토너들이 특별히 대단하다고 생각하는 이유는 단기간의 성과보다 장기적인 훈련 과정에 집중하고 성공에 대한 압박을 견디면서 결국 목표를 이루었기 때문이다.

균형과 지속의 비결, 적당함 그리고 휴식

모든 대화에 걸쳐 레이는 적당히 훈련할 것을 강조했다. 실전에서 100%를 발휘하기 위해 평소 훈련 때는 최대 70%의 힘만 쓰라고 했다. 열심히 훈련하되 너무 열심히 훈련하지 않아야 한다는 말에 균형 잡힌 훈련을 꾸준히 지속하는 비결이 있지 않을까 하는 생각이 들었다.

> 김: 가족과 떨어져 지내며 훈련에 집중하시는 게 대단하다고 생각해요. 케냐 선수들이 훈련하는 걸 보니 정말 달리고 쉬는 일에만 집중하는 것 같아요.
>
> 레: 그렇죠. 여기서는 달리고 쉬는 일 말고는 할 게 없어요. 달리고, 식사하고, 쉬는 게 다죠.
>
> 김: 쉴 때는 뭘 하시나요?
>
> 레: 아무것도 안 해요. 하하, 정말 그냥 쉬어요. 서로 고향 얘기나 농담을 주고받기도 하고.
>
> 김: 얼마나 자주 가족을 보러 가세요?
>
> 레: 2주마다 가요. 여기서 60km 정도 떨어진 곳인데, 금요일 저녁에 가서 월요일 아침에 돌아와요. 코치가 알려준 프로그램을 보고, 훈련 강도가 높지 않은 주에 가요. 집 주변에서 회복주를 하면 되니까요. 이텐에서는 주로 빠른 장거리주[22]나 트랙 위에서 강도 높은 인터벌 훈련을 하니

까 가족들과 시간을 보내면서 정신적 준비를 하고 복귀하는 거죠.

김: 훈련이 너무 힘들거나 지루할 때는 어떻게 해요?

레: 몸이 회복하도록 영양소를 챙겨 줘야죠. 물과 과일을 많이 섭취하고 불편한 곳이 있다면 딥 티슈 마사지를 받아요. 지루하거나 심심할 때는 동료들을 찾아가 이야기를 하거나, TV로 영화를 보곤 해요. 뛰는 코스나 훈련 내용도 계속 바꿔줘요. 매일 비슷한 속도로 똑같은 코스를 뛰면 지루해지거든요.

김: 가끔 훈련하기 싫을 때나 포기하고 싶을 때도 있을 것 같아요. 그럴 때 어떻게 하나요?

레: 그저 묵묵히 코치가 정해주는 훈련을 해요.

김: 코치 없이 혼자 훈련한 적도 있지 않았나요?

레: 물론이죠. 그때는 자주 훈련을 빼먹곤 했어요. 지금 코치는 칼 같아요. 모든 훈련을 동료들과 같이하게 하죠. 하지만 혼자 훈련했을 땐, 아침에 일어나서 잠을 더 자고 싶으면 그냥 자곤 했죠(웃음).

김: 하하. 저도 그 느낌 알아요.

레: 저녁 조깅을 해야 할 시간이 와도 좀 피곤하다 싶으면 그

---

22 유산소 신진대사 능력 향상을 위해 정해진 긴 거리를 뛰는 훈련으로 케냐 선수들은 일주일에 한 번, 주로 토요일에 한다.

냥 안 했죠. 하지만 지금은 나를 믿는 코치가 있고, 동료들이 있어요. 우리는 같이 성장하는 한 팀이에요. 피곤해도 일단 집합 장소에 나가서, 오늘 컨디션이 좋지 않으니 쉬겠다고 이야기해야 해요.

김: 부상을 피하는 방법은 뭔가요?

레: 적당히 해야 해요. 언덕을 내려갈 때 너무 빨리 뛰지 말고, 신발도 나에게 딱 맞는 걸 신어야 해요.

김: 그래도 만약 부상이 오면 어떻게 하죠?

레: 무조건 쉬어야죠. 균형 잡힌 식단을 유지하고, 마사지를 받으면서 몸이 쉬도록 해야 해요. 특히 처음 달리기를 시작했을 때 무리하면 부상이 오는 건 당연합니다. 충분히 쉬고 천천히, 쉬운 조깅으로 다시 시작하면 돼요.

김: 케냐 마라토너들에게 타고난 달리기 유전자가 있다는 이야기에 대해서는 어떻게 생각해요?

레: 특별한 유전자가 있다고 생각하지는 않아요. 케냐 마라토너들을 강하게 만드는 요인이 있다면, 어렸을 때부터 고지대와 언덕이 많은 지역에서의 생활이 아닐까 싶어요. 저와 같이 어렸을 때부터 학교까지 걷고 뛰며 다녔던 선수들이 많아요. 또 어렸을 때부터 물을 길으러 가는 일이 일상이었어요. 그러면서 자연스럽게 신체가 걷고 뛰는 활동에 맞게 발달한 게 아닐까요.

김: 성공한 마라토너 중에서 성공을 이어가는 선수가 있지

만, 잠깐 반짝이고 사라지는 선수도 있잖아요. 둘 사이에는 어떤 차이가 있다고 생각하세요?

레: 많은 선수가 제대로 훈련하지 않고 대회에 나가서 좋은 성적을 거두고 싶어 해요. 빨리 상금을 타기만을 원하는 거죠. 마라토너는 인내심을 갖고 오랫동안 훈련을 해야 해요. 돈보다 정직한 훈련에 가치를 두고, 약물 복용 같은 행동은 하지 말고 뛰어야죠.

달리기를 하고자 하는 이들에게 전하고 싶은 이야기를 묻자 레이는 "Let us train hard, win easy(열심히 훈련하여, 쉽게 이기자)."라고 답했다. 케냐 엘리트 마라토너들이 자주 하는 말이기도 하다. 이 말을 이렇게 해석해볼 수 있지 않을까. "인내심을 갖고, 몸에 맞는, 삶에 도움이 되는 달리기를 하자."

헬라와 데이비드

3 같이 달릴 때 우리는 하나, 헬라와 데이비드 부부

　헬라와 데이비드는 부부이자 선수와 코치 사이다. 우간다 출신인 데이비드는 초등학생 때 달리기를 시작한 이래 줄곧 상위권을 유지하면서 육상 장학금을 받고 대학에 진학했다. 대학 재학 중 태국에서 열린 세계 대학 육상 선수권 대회에 참가한 그는 10km 28분, 하프 마라톤 63분이라는 우수한 성적을 거두고 태국의 한 대학으로부터 장학금을 받아 물리치료를 공부했다. 같은 학교 학생이었던 헬라와 함께 훈련하면서 그녀의 높은 가능성을 발견한 데이비드는 선수 생활을 접고 코치로 새로운 출발을 하게 된다. 달리기에 대한 재능과 체계적인 훈련이 결합하면서 헬라는 2015년 베이징 세계 육상 선수권 대회에서 2위를 기록하고, 2016년 도쿄 마라톤에서 우승하는 등 여러 성과를 거두었다.

목표를 세우고 그 목표를 이루다

김성우(이하 김): 두 분이 함께 훈련을 시작하실 때 가장 먼저 한 일은 무엇인가요?

데이비드(이하 데): 먼저, 무엇을 목표로 삼을지 헬라와 논의했어요. 목표가 없는 훈련은 의미가 없으니까요. 헬라는 하프 마라톤 69분 완주를 목표로 세웠고, 6개월 후 프랑스 니스(Nice) 하프 마라톤에서 69분 29초를 기록했어요.

김: 6개월 만에 목표를 달성했다니, 대단하네요. 두 분이 훈련을 함께 하기 전까지 헬라의 기록은 어땠나요?

데: 하프 마라톤 74분이 최고 기록이었어요. 훈련은 했지만 체계적이진 않았죠. 저와 함께 훈련하면서 목표를 세우고, 그 목표를 이루기 위한 과정을 세세하게 의논하고 검토하면서 프로그램을 만들었어요. 매 훈련 세션이 끝날 때마다 훈련의 무엇이 좋았는지, 무엇이 힘들었는지, 다음날 훈련을 바꿀 필요가 있을지 등을 의논했어요. 어느 날 제가 헬라에게 물었어요. "너는 어떤 것도 이룰 수 있어. 올해 하프 마라톤을 몇 분 안에 뛰고 싶어?"

헬라(이하 헬): 저는 68분대에 뛰고 싶다고 했어요.

데: 그래서 저는 헬라와 함께 68분대에 하프 마라톤을 완주할 수 있는 프로그램을 만들었어요. 장거리주, 지속주,

언덕 뛰어오르기, 근력 운동까지⋯ 그리고 헬라는 2012년 베를린 하프 마라톤에 나가서 68분 26초에 골인했어요.

헬: 아주 기뻤어요. 목표를 세우고, 그 목표를 이루는 일은 뜻깊어요.

김: 하프 마라톤에서 74분과 69분, 68분은 엄청난 차이잖아요. 헬라, 이전과 비교했을 때 데이비드와의 훈련이 어떤 점에서 특별히 달랐나요?

헬: 데이비드는 체계적인 프로그램을 만들어 주었고, 저는 그를 믿고 따랐죠. 스스로도 기량이 성장하는 걸 곧바로 느낄 수 있었어요. 베를린에서 68분대라는 목표를 달성한 다음에는 데이비드에게 67분대도 가능할까 하고 물었어요.

데: 저는 '물론'이라고 답했고, 우리는 67분대를 목표로 프로그램을 다시 만들었어요. 그리고 헬라는 2013년 두바이 하프 마라톤에 나갔고, 정말 67분 39초의 기록으로 들어왔어요. 또 같은 해에 열린 베를린 하프 마라톤에서는 67분 54초의 기록으로 우승했죠.

김: 정말 대단해요. 프로그램을 어떻게 구성했는지 조금 더 구체적으로 알려주실 수 있나요?

데: 먼저 헬라의 현재 기량을 확인했죠. 67분대를 목표로 할 때는, 이미 68분대를 뛰어 봤으니 충분히 가능하다고 생

각했어요. 67분대 하프 마라톤을 뛰기 위한 인터벌 훈련, 장거리주, 언덕 뛰어오르기 등을 적절히 안배해 월요일부터 토요일까지 훈련 프로그램을 만들어요. 일요일은 쉬고요. 3개월마다 이룰 목표를 정하고, 그 목표를 이루기 위해 온 힘을 다하는 거죠.

김: 3개월이 하나의 훈련 사이클인 건가요?

데: 그렇죠. 그 안에 다양한 훈련이 들어가죠. 헬라의 성장을 보고, 주위에서 훈련하던 다른 여자 선수들도 찾아왔어요. 그들에게도 같은 방식으로 프로그램을 만들어 주었어요. 현재 기량을 확인하고, 3개월 후 목표를 정하고, 그 목표를 이룰 수 있는 프로그램을 만들었죠.

김: 데이비드가 물리치료를 배웠던 것이 도움이 되었을 것 같아요.

데: 물리치료를 배우고 나서는 내 몸에서 안 좋은 부분이 있으면 바로잡을 수 있었어요. 좋은 훈련과 식단, 물리치료 덕분에 달리기가 쉬워질 수 있다는 사실을 배웠죠.

데이비드를 만나기 전부터 헬라는 이미 좋은 기록을 가진 뛰어난 선수였다. 체계적인 훈련을 통해 뛰어난 기량을 괄목할만한 성과로 만든 두 사람의 이야기를 들으면서 코치의 중요성을 새삼 실감할 수 있었다. 한편으로 두 사람이 훈련 과정에서 겪는 어려움을 어떻게 극복했을지 궁금해졌다.

김: 훈련이 늘 계획대로 되지는 않았을 것으로 생각해요. 어떤 어려움이 있었고 또 어떻게 이겨내셨는지 궁금해요.

데: 훈련 중에 목표로 한 거리나 빠르기로 뛰지 못하는 경우가 있죠. 그럴 때면 헬라가 많이 아쉬워했고, 때때로 자신을 의심하기도 했어요. 저는 헬라에게 무슨 말을 어떻게 해줘야 할지 많이 고민하면서 헬라의 열정이 식지 않도록 온 힘을 다했어요. 그것 말고 큰 어려움은 없었어요.

헬라의 특별한 점은 일단 해본다는 거예요. 다른 선수들이 금방 포기할 수도 있는 훈련을 일단 도전해 봐요. 의심하는 머리를 믿지 않고, 몸으로 먼저 부딪치는 거죠.

헬: 마음이 할 수 없을 것 같다고 말할 때마다 일단 해보자고 다짐했어요. 가족의 힘도 컸어요. 세 아이가 더 열심히 훈련하도록 도와줬어요. 우리가 밤늦게까지 잠을 안 자려고 하면, 내일 아침에 훈련해야 하니까 얼른 자야 하지 않겠냐고 하면서 우리를 침대로 보내요.

김: 하하, 아이들이 정말 그렇게 말했나요?

데: 네, 우리 친구들이 밤늦게 놀러 올 때면, 나와 헬라가 오늘 훈련을 해서 피곤하고 내일 아침에도 뛰러 가야 하니까 다음에 오라고 말해 버리죠.

헬라와 데이비드는 아들 둘, 딸 하나를 두고 있는데, 정말 사랑스러운 아이들이다. 아직 어린아이들이 달리기를 업으로 하는 부모의 고충을 헤아리고, 달리기를 통해 가정을 일구어낸 과정을 이해하고 있었다. 헬라와 데이비드가 수년 동안 꾸준히 훈련을 이어올 수 있었던 데에는 이런 가족의 힘이 중요하게 작용하지 않았을까.

달리기를 통해 우리는 하나가 된다

김 : 데이비드가 일전에 '모두 각자의 성공을 위해 노력하기에 우리는 하나'라고 했던 말이 무척 인상적이었어요.

데 : 저는 스포츠가 특별하다고 믿어요. 스포츠는 우리를 하나로 묶고, 다른 대륙에서 온 사람들과 만나게 해주죠. 함께 삶의 성공에 관한 생각을 공유하고, 서로의 성공을 돕는 관계를 형성하기도 해요. 우린 성공을 위해 노력한다는 점에서 같은 존재예요. 저나 헬라에게는 달리기가 성공을 위한 방편이고요.

우리는 달리기를 통해 친구들을 만나고, 가정을 이루고, 또 다른 사람들을 도와줄 수 있어요. 예를 들면, 제가 다른 선수들에게 조언을 주기도 하고 신발을 기부하기도 해요. 그들이 꿈꾸는 목표를 이룰 수 있도록 도와주는 거예요.

제가 아빠로서, 또 코치로서 그런 일을 할 수 있음에 감사해요. 도움을 준 사람들이 성공하는 모습을 보면 뿌듯해요.

김 : 정말 멋져요. 데이비드에게 스포츠는 다른 사람의 성공을 돕는 길이기도 하네요.

데 : 맞아요. 스포츠는 나의 성장에도 도움을 줬어요. 육상 장학금을 통해 대학교까지 무료로 다닐 수 있었으니까요. 우리는 모두 항상 지금보다 더 나아지길 원해요. 하지만

혼자서는 힘들어요. 같이 성장해야죠. 내 세대만 생각해서도 안 되죠. 다음 세대도 따라와야 해요. 다음 세대의 멘토로서 그들이 꿈을 이룰 수 있도록 우리가 계속 열심히 해야죠.

그래서 대회에 참가하는 것의 의미가 커요. 헬라가 시상대에 오르는 성적을 낸다면… 우리뿐만 아니라 우리를 아는 이텐 사람들, 케냐인들, 그리고 다른 지역에 사는 친구들에게도 남다른 의미가 있을 거예요. 헬라의 성공은 곧 그들의 성공이기도 해요. 우린 달리기를 통해 친구가 되었고, 성장을 꿈꾸는 데 있어서 '하나'이니까요. 헬라가 성장하면, 그들도 성장하는 거죠. 그들이 성장하면, 헬라와 저도 성장하는 거고요.

한 번은 대회에서 어떤 남자 팬이 헬라에게 다가와 사인을 해 달라고 했어요. 종이가 없었는데, 자기 티셔츠에 해주면 된다면서 등을 내밀더군요.

김 : 감격스러웠겠어요. 기분이 어땠어요?

데 : 물론이죠. 뿌듯했어요. 우리가 가치를 두고 이뤄낸 성공이 다른 사람에게도 영감을 준다는 걸 느낄 수 있었어요. 다른 사람들이 성공할 때면, 우리도 기뻐요. 그렇게 우리가 하나라는 걸 느끼죠. 모두 성공하고 싶은 지향점이 있고, 그것을 향해 나아가잖아요. 그래서 우리는 모두 혼자가 아니고, 서로 격려해줄 수 있어요. 모두가 우리의 성

공을 격려하는 거예요.

김: 성공에 대해 생각하지 못했던 관점이네요.

데: 예를 들어, 다른 나라의 사람들이 우리와 달리기 위해 이텐까지 와요. 성우도 달리려고 먼 미국에서 여기까지 왔잖아요. 이럴 때 우리는 우리가 무언가 가치 있는 일을 하며 산다고 느껴요. 또 우리가 같이 뛴다는 건, 우리를 서로 만나게 한 스포츠를 지지하는 것이기에 의미가 크죠.

김: 고백하자면 이곳에서 세계적인 선수들과 함께 같은 리듬으로 달린다는 것이 믿기지 않을 정도로 감격스러워요. 데이비드가 지나가는 러너들 모두에게 인사하는 모습도 인상적이었어요.

데: 저는 달리는 사람들을 보면 기뻐요. 피부색이 어떻든, 속도가 빠르든 느리든, 어떤 방향으로 오가든 인사하고 격려를 나눌 때, 하나라는 걸 느낄 수 있어요. 각자 다른 방향과 다른 속도로 달리더라도 사실 모두 같은 곳을 향해 달리는 셈이죠.

김: 헬라와 데이비드처럼 프로그램을 구성해서 달리기하려면 어떻게 해야 할까요?

데: 가장 중요한 건 현재 기량을 정확히 확인하는 일이에요. 만일 하프 마라톤을 완주하려고 한다면 먼저 완주할 수 있도록 기본 훈련을 한 다음 한 번 완주해 보는 거예요. 그리고 그 기록을 바탕으로 목표를 세우고 그에 맞는 계

획을 세워야 해요.

김: 어떤 공식이 있는 게 아니라 현재 수준과 목표를 바탕으로 프로그램을 만들어야 한다는 뜻이죠?

데: 그래서 먼저 완주를 해보는 것이 중요해요. 완주한 후 힘들지 않도록 기본 훈련을 꾸준히 하는 것도 중요하고요. 기본 훈련이란 매일 힘들지 않을 만큼 뛰어보는 거예요. 무리하지 않고.

김: 만약 완주하지 못하면 어떡하죠?

데: 무리해서 달리지만 않으면 완주할 수 있다고 믿어요. 욕심내지 말고요. 편한 페이스로 가다 보면, 비슷한 페이스로 가는 다른 러너들을 만날 거예요. 빠르든 느리든, 같이 뛰는 거죠. 달리기로 하나가 된 친구들이라고 생각하면서요.

나는 주로 석촌호수에서 뛰는데, 그곳에서 달리는 사람을 보면 반갑다. 숨을 거칠게 몰아쉬며 뛰는 사람, 천천히 음악을 들으며 뛰는 사람, 멋진 운동복을 빼입고 천천히 뛰는 사람, 모자를 푹 눌러쓰고 고요히 뛰는 사람… 모두 다른 속도와 모습으로 달리고 있지만, '지금, 이 순간, 같이 달리고 있다'는 것을 생각하면 설명하기 힘든 일체감과 감동을 느낀다.

'사람은 모두 각자의 성공을 위해 노력하기에 우리는 하나'라는 데이비드의 관점은 경쟁 속에서 남을 이겨서 얻는 성공과는 상반된다. 속도, 피부색, 방향, 이유는 저마다 다를지라도 달리기로 하나가 된다는 건, 정말이지 멋진 생각이다. 세상에 달리는, 달리기를 응원하는 사람들이 더 많아졌으면 좋겠다.

자밀(우)과 길버트(좌), 길버트는 에드나 키플라가트(Edna Kiplagat)의 남편이자 코치다.

4 달리기를 즐기도록 가르치는 육상 코치, 자밀

　영국의 고등학교 교사인 자밀은 대회에 참가해보지 않겠냐는 동료 교사의 가벼운 권유를 계기로 달리기를 시작하게 되었다. 처음 참가한 대회에서 10km를 40분 만에 완주한 그는 2년 만에 31분까지 기록을 단축했다. 그동안 육상 코치 자격도 취득한 자밀은 현재 케냐 육상 코치로도 활동하고 있다. 우연한 기회로 시작했지만 달리기를 대하는 그의 태도는 케냐의 여느 마라토너 못지않았다. 무엇보다 달리기가 주는 즐거움을 강조하는 것이 인상적이었다. 코치로서 선수들에게 달리기의 즐거움을 어떻게 전달하고 있는지, 그가 생각하는 케냐 달리기가 강한 이유는 무엇인지 물었다.

> 김성우(이하 김): 케냐 마라토너들에게 선천적인 달리기 재능이 있다고 하면서 신체 구조나 비율을 분석하고 심지어 유전자를 연구하는 경우도 있던데, 어떻게 생각하세요?
>
> 자밀(이하 자): 생물학적인 특성이 성적에 영향을 전혀 미치지 않는다고 단언할 순 없겠지요. 하지만 우수한 성적을 끌어내는 기질은 올바른 마음가짐과 꾸준한 훈련이 없으면 발현되지 않아요. 영국이나 한국에서 마라톤은 대개 취미나 건강 유지를 위한 운동이지만, 엘도렛 지역의

케냐 마라토너들에겐 삶을 통째로 바꿀 기회예요. 가난한 집안에서 자라나 마라톤으로 성공하고, 자신만의 사업을 차리고, 웨슬리 코리어(Wesley Korir)[23]처럼 정치인이 되기도 하거든요. 이렇게 달리기에 대한 관점이 다른 것도 영향을 미쳤을 거라 볼 수 있겠죠.

김: 그런 부분들을 살피지 않고 케냐 마라토너들의 우수한 성적을 그저 타고났기 때문이라고 하는 사람들도 있어요.

자: 우리는 모두 무언가 이루기 위해 태어났다고 믿어요. 그걸 발견하고, 실현하는 게 삶이죠. 많은 세계 챔피언, 올림픽 메달리스트들이 케냐 출신이 아니잖아요. 케냐인들만 할 수 있는 게 아니란 뜻이죠.

김: 케냐 마라톤이 강한 이유에 대해 자밀이 주목한 건 무엇인가요?

자: 케냐 마라토너들의 강점은 그룹에 속해 같이 훈련하면서 함께 성장한다는 점이에요. 물질적인 유혹에서 멀리 떨어진 간소한 생활을 하죠. 이런 면들이 수년 동안 케냐 마라토너들을 꾸준히 성장하게 만든 원동력으로 보여요. 하지만 이렇게 고립되어 훈련하기 때문에, 새로운 훈련

---

23 LA 마라톤 2회 우승(2009, 2010), 보스턴 마라톤 우승(2012) 등으로 경제적 부와 사회적 입지를 쌓은 후, 2013년 케냐 국회의원으로 당선되었다. 2016 리우데자네이루 올림픽에 케냐 마라톤 대표로 출전하였고, 우승하면 대통령 선거에도 나가려고 하였으나 순위권에 들지 못하였다.

방식을 시도하는 선수들이 적어요. 영국의 모 파라(Mo Farah)[24]는 나이키 팀에 합류하기 전에는 평범한 선수였어요. 그런데 오레곤 팀에 합류하면서 모 파라는 지금껏 하지 않았던 새로운 훈련 방식을 받아들였고, 그 후로 엄청난 성공을 거두었죠. 케냐에서도 이러한 사례가 나오면 케냐 마라토너들이 더욱 강해지지 않을까 싶어요.

김: 훌륭한 선수와 보통 선수는 어떤 점이 다른가요?

자: 훌륭한 선수들은 실패 원인을 솔직하게 직시하고 실패로부터 배워요. 같은 실패를 반복하지 않죠. 또한, 목표가 분명해요. 그리고 쉴 때는 훈련에 관한 생각 없이 온전히 쉬어요.

김: 최근 아마추어 스포츠에서 성과주의를 강조하는 흐름이 보이는 것 같아요. 달리기를 타인과 나를 비교하는 기준으로 삼고 자신을 뽐내는 수단으로 만든달까, 정작 그러느라 달리기가 삶에 어떻게 도움을 주는가는 보지 않고요.

자: 공감해요. 스포츠 브랜드들은 자기 제품을 많이 파는 일만 신경을 써요. 그러다 보니 마케팅이나 광고도 '개인 기록 경신', '자신의 한계를 뛰어넘는 의지' 같은 사람들

---

[24] 2012 런던 올림픽과 2016 리우데자네이루 올림픽에서 5,000m, 10,000m 금메달을 연속으로 따낸 세계적 육상 선수

이 따라 하고 싶은 이미지를 골라 팔죠. 마치 자기 브랜드 제품을 사야만 그럴 수 있는 것처럼요.

김: 아마추어와 프로에 대한 구분 없이 마라토너들이 자주 하는 실수를 세 가지만 꼽는다면 어떤 것들이 있을까요?

자: 첫 번째 실수는 훈련의 질보다 양에 대한 강박에 사로잡히는 것이에요. 숫자 싸움만 하는 거죠. 이건 두 번째 실수인 과도한 훈련으로 이어져요. 무조건 많이 뛰려고만 하니까요. 놀랍게도 엘리트 선수들도 이 실수를 많이 해요. 마지막으로 실패했을 때 그 이유를 정확히 찾아서 고치려 하지 않고 변명거리를 만드는 습관이에요. 왜 목표를 달성하지 못했는지 자기 자신에게 솔직하게 말할 수 있는 선수들이 뜻밖에도 많지 않아요. 달리기와 전혀 관련 없어 보이는 문제나, 심지어 인간관계에서 오는 문제 때문에 기량이 저하될 수도 있거든요. 이에 대해 질문을 하지 않고, 그저 '충분히 뛰지 않았다'는 결론으로 돌아가니 더 무리한 훈련을 하게 되고, 부상이 오거나 기량이 저하되는 악순환이 반복되곤 하는 거죠.

김: 세 번째 실수는 생각하지 못했어요. 달리기를 처음 시작하는 사람들이 자주 하는 실수는 어떤 건가요?

자: 선수들이랑 비슷해요. 첫째로는 얼마만큼의 거리를 뛰는지만 생각하고, 뛰는 시간은 신경 쓰지 않아요. 그러다 보면 무리해서 빨리 뛰게 되고, 부상으로 이어지는 경우

가 많죠. 또한, 운동을 안 하던 사람이 운동을 시작하면 가장 놓치기 쉬운 점이 몸에 필요한 영양소와 에너지를 보충해 주는 거예요. 달리기 전에 먹던 음식을 그대로 먹으면 몸을 회복하기가 쉽지 않죠. 마지막으로 인내심 부족이에요. 3개월 훈련하고 케냐인들처럼 될 거라고 기대하는 사람들이 있어요.

김 : 선수들을 가르칠 때 이런 실수를 저지르지 않게끔 도와줄 것이라 생각해요. 코치로서 자밀이 가지고 있는 철학은 무엇인가요?

자 : 간단해요. '나는 여기, 당신이 이루고자 하는 목표를 돕기 위해 존재합니다. 나는 당신을 전적으로 믿습니다'라는 자세로 임해요. 특별한 프로그램은 없어요. 기본에 충실한 프로그램을 선수에 맞게 만들어 줘요. 결국은 선수와의 관계가 가장 중요하다고 생각해요.

김 : 선수들처럼 코치들도 자주 저지르는 실수가 있을 것 같아요.

자 : 선수의 달리기 기량 이외에는 아무것도 신경 쓰지 않는 거죠. 주변 사람들과 어떻게 지내는지, 어떤 음식을 좋아하는지, 어떤 취미 활동을 하는지, 어떤 것에 관심을 두고 있는지, 주로 어디서 스트레스를 받는지, 이런 점들을 사람과 사람 사이에서 동등한 관계를 맺으며 알아가야 하는데 말이죠. 또한, 선수마다 그에 맞는 프로그램을 같

이 만들어나가야 하는데, 이미 존재하는 일반 프로그램을 모든 선수에게 적용하는 경우도 많죠.

김: 자밀처럼 달리기의 즐거움을 만끽하려면 어떻게 해야 하나요?

자: '내가 얼마나 잘 달리는데'라는 자존심이나, '얼마만큼 달려야 하는데'라는 강박관념을 버려야죠. 자기보다 느린 러너들과 뛰면서 친구를 만드는 것도 좋은 방법이에요. 이제 막 달리기를 시작하는 분이라면, '얼마나 빨리 뛰느냐'가 달리기에 대한 수많은 척도 중 하나일 뿐이란 사실을 기억했으면 좋겠어요.

김: 그래도 달리기를 하다 보면 더 좋은 기록을 갖고 싶다는 마음이 들 수밖에 없을 것 같아요.

자: 달리지 않는 사람들이나 달리기를 통해 무언가 이루어내려고만 하지 않는 사람들과도 관계를 맺는 게 균형을 잡는 데 도움이 될 수 있어요. 저는 달리기를 하는 친구들도 많지만, 달리는 걸 좋아하지 않는 친구들도 많아요. 다양한 삶의 목적과 관점을 가진 친구들을 사귀고, 나와는 다른 목적을 지닌 그들의 삶도 존중해요.

김: 달리고자 하는 사람들에게 특별히 강조하고 싶은 메시지가 있다면요?

자: 달리기에 강박관념을 갖지 말고, 달리기를 즐겼으면 좋겠어요. 달릴 때 우리는 자유로워요. 이 자유를 만끽하길

바랍니다. 달리지 않을 때는 달리기를 잊어버리고요.

IV
일상으로 돌아오다

욕심을 내다 슬럼프에 빠지다

 나이로비의 카사리니에서 패트릭 가족은 케냐에 처음 온 나를 4주 동안 가족의 일원으로 대해주고 보살펴 주었다. 방 하나를 통째로 쓰게 해주었고, 매 끼니를 챙겨 주었다. 정말 감사했다. 이텐에서 만난 사람들 모두 달리기와 삶을 진솔하게, 또 겸허히 여기며 살아가는 이들이었다. 세계적인 코치 브로콤은 약속도 없이 불쑥 찾아온 나를 반겨주고 인터뷰도 선뜻 수락해주었다.

 마라톤 국가대표 선수들과 코치들은 중요한 대회를 앞두고도 내가 같이 뛰는 것을 환영해 주었다. 그리고 나에게 이텐 마라토너의 삶을 살 수 있게 도와준 댄, 수도승 같이 달리기 훈련에 임하는 삶을 보여준 레이도 너무나 고마웠다.

 이텐에서 만난 마라토너들, 딜란, 자밀 그리고 나이로비에서 나를 보살펴 준 패트릭 가족에게 작별 인사를 하는 일은 쉽지 않았다. 하지만 대학원 공부를 마무리해야 했고, 가족들과 함께 휴가를 보내기로 한 약속이 기다리고 있어 샌프란시스코로 돌아가야 했다. 꼭 다시 오겠다는 약속을 남기고 케냐를 떠났다.

하루빨리 그들처럼 뛰고 싶었다

세계적 수준의 달리기 선수들이 어떤 훈련을 하는지 직접 경험하고 돌아온 나는 마음이 급해졌다. 케냐에서 돌아오자마자 그들처럼 빨리 뛰고 싶다는 의욕이 앞섰다. 그들의 빠름이 서두르는 데서 비롯되지 않는다는 걸 직접 봐 놓고도 어느새 잊어버렸다. '케냐에 다녀왔는데, 더 빨라진 모습을 보여줘야 하지 않겠어?'라는 생각이 마음 가득 차 있었다.

오랜만에 만난 가족들과 나파 밸리(Napa Valley)[25]에서 즐거운 시간을 보내는 와중에 하루 한 시간 이상을 꼭 뛰었다. 하루라도 뛰지 않으면 법을 어기는 것처럼 느껴졌다. 학교에 돌아와서는 케냐에 가기 전보다 강도를 더 높였다. 마지막 학기였고, 5개의 수업을 들어야 졸업할 수 있었지만, 학업은 다시 우선순위에서 뒤로 밀렸다. 머릿속은 한 달 후의 5,000m 경주에서 최고 기록을 내고 싶다는 생각으로 가득했다. 아침과 오후 혹은 저녁에 두 번을 뛰었고, 저녁 달리기 후에는 웨이트룸에 가서 근력 운동까지 했다. 어떤 날은 너무 바쁜 일정이어서 아침에만 뛰고 저녁 11~12시까지 뛰지 못하곤 했다. 그럴 때는 기숙사 주변 풀밭에서 맨발로 40~60분 정도 뛰었다.

---

[25] 미국 캘리포니아주 나파 카운티에 있는 지역으로 대표적인 와인 생산지다.

학업을 병행하며 이렇게 강도 높게 달리는 것은 무리였다. 대학원 전공 공부, 귀국 준비, 친구들과 시간을 보내는 일이 몰려 쉴 시간이 없었다. 하지만 나는 케냐 마라토너들의 훈련량을 소화하는 데에만 집중했고, 그들이 얼마나 잘 쉬면서 회복했는지를 잊어버렸다. 당연히 몸과 마음에 점점 피로가 쌓였다. 웬만해선 감기에 걸리지 않는데 독한 감기에 걸렸다. 몸이 쉬라고 신호를 보내온 건데 무시하고 무리한 일정을 이어갔다.

　기대했던 5,000m 경주는 최악이었다. 크로스 컨츄리 레이스여서 언덕이 많기는 했어도, 20분대의 기록으로 뛰었다는 사실이 믿기지 않았다. 여름 동안 홍콩에서 저널리즘 인턴십을 하고 온 친구가 가볍게 18분대의 기록으로 나보다 먼저 들어왔다. 케냐에 다녀왔다는 사실이 부끄러웠고, 도대체 뭐 때문에 지금까지 이렇게 달렸는지 회의감마저 들었다.

　그날 이후 나는 더욱 욕심을 내 훈련의 강도를 높이다 결국, 무너졌다. 마음과 몸에서 모든 기력이 소진되었다. 아침에 일어났을 때 뛰고 싶다는 생각이 조금도 들지 않았다. 내가 달리기를 왜 하는지 알 수 없었기 때문이었다. 그렇게 달리기는 나의 삶에서 빠져나가기 시작했고, 졸업을 준비하고 친구들과 시간을 보내면서 하루하루를 보냈다.

처음 달리기 시작한 이유로 돌아가서

러너라고 해서 1마일을 4분에 달리거나 마라톤을 네 시간 안에 완주해야만 하는 건 아니다. 중요한 것은 달리고 달리는 것, 그러면서 때로 고통을 겪는 일이다. 그러다 보면 어느 날 문득 길을 달려가다가 자신을 자유롭게 하는 대우주의 질서와 법칙과 진실을 발견하게 될 것이다. 바닷가 길을 달리는 사람이라면 그 누구에게라도 일어날 수 있는 일이다.

- 조지 쉬언, 「달리기와 존재하기」

2015년 12월 추운 겨울, 공부를 마치고 한국에 돌아왔다. 달리지 않은 지 두 달이나 지난 상태였다. 달려보고 싶었으나 날씨는 춥고, 어떻게 다시 시작해야 할지 막막했다. 왜 달려야 하는지도 모른 채 그렇게 시간만 흘러갔다.

2016년 3월, 강원도 속초에 살면서 일하기 시작했다. 지내는 곳에서 영랑호가 1,500m 정도의 거리에 있었다. 달리고 싶었다. 그런데 영랑호까지 가는 것조차도 엄두가 나지 않았다. 하루에 20km 이상을 가볍게 뛰곤 했던 나로서는 상상조차 할 수 없던 현실이었다.

퇴근 후 침대에 누워 피곤함에 잠겨있는데, 문득 랭커스터의 풀밭이 생각났다. 그곳에서 아무런 목적 없이, 그저 달리기가 좋아서 맨발로 뛰던 것이 생각났다. 그때 달리면서 느꼈던 즐거움, 삶의 충만함과 경이로움이 생생히 떠올랐다. 달려야만 느낄 수 있던 그 자유를 다시 느끼고 싶었다.

다시 달리기 위해서는 그때의 마음가짐으로 돌아가야 했다. 남들보다 빨리 뛰기 위한, 좋은 기록을 내기 위한 달리기에서 내가 즐거운, 나의 삶에 활력을 더하는 달리기로 돌아가야 했다. 달리기가 삶에 도움이 되어야 한다는 브로콤의 말이 기억났다.

어느 정도의 거리를 얼마 만에 뛰겠다는 생각을 버렸다. 내가 할 수 있는 달리기를 하기로 했다. 일단 '딱 15분만 문밖으로 나가서 내 몸이 땅과 중력과 놀도록 내버려 두자'라는 생각을 했다. 하지만 퇴근 후 달리기가 쉽지 않았다. 9~10시간 동안 일하고 나면 많이 피곤했다.

고민 끝에 내 몸이 원하는 것을 먼저 주었다. 퇴근하고 집에 돌아오면 요가 매트를 깔고 그 위에 등을 대고 누웠다. 무릎을 90도로 만들어서 두 발을 놓고, 아래 허리를 땅과 평평하게 두었다. 그러면 온종일 앉아 있으면서 굳어진 허리가 풀어졌다.

그렇게 누워 나의 숨에만 집중했다. 대학교 2학년 때 비파사나 명상 센터에서 10일 동안 묵언 명상 수련을 했던 경험을 떠올렸다. 비파사나 명상은 간단하다. 인중 부분에 신경을 집중하며, 들어오는 숨과 나가는 숨을 느끼는 것. 그렇게 숨에 집중하면 마음이 편해진다. 들숨은 나의 몸 전체를 돌면서 에너지를 주었고, 날숨은 몸을 가볍게 했다.

    누운 자세로 골반과 엉덩이 근육을 풀어주던 동작들이 생각났다. 축구를 하던 시절, 하체를 풀기 위해 자주 했던 동작이다. 두 발을 자연스레 길게 뻗고, 왼발을 땅에 그대로 놓은 채 오른발을 10cm 정도 위로 올린다. 코어 근육[26]에 집중하며 왼발을 땅에 붙이고, 오른발을 최대한 지면과 가깝게 유지하며 좌우로 반원을 그리도록 이동시킨다. 오른쪽 골반과 허리가 시원해진다. 왼쪽 골반도 풀어준다. 그러다가 피곤이 몰려와 졸음이 오면 그냥 잤다.

    퇴근 후 누워있던 어느 날, 15분 정도는 뛸 수 있겠다는 생각이 들었다. 천천히 일어나서 달릴 때 입는 가벼운 반바지와 민소매 셔츠를 꺼내 입었다. 신발장으로 걸어가 오랫동안 신지 않은 신발을 꺼냈다. 케냐에 가기 전에 산 신발이었다. 다행히도 끈을 묶는 행동이 어색하지 않았다.

    천천히 뛰면서 호흡과 자세에 집중했다. 내 발바닥이 지금 지면을 어떻게 딛고 있는지 살폈다. 어깨와 목이 뻐근해서 코어에 힘을 주고 목과 어깨에 쌓인 긴장을 풀어주었다. 속초 중학교에 도착해서는 신발을 벗고 인조잔디 위를 맨발로 천천히 뛰었다. 인조잔디였지만 맨발로 뛰니 기분이 좋았다. 무릎을 더 위로 들어 올려보기도 하고, 발바닥을 엉덩이와 가까이 닿게 하면서 다리를 풀어주

---

26   몸의 중심인 척추와 골반을 흔들리지 않게 지지해주고 균형을 잡아주는 몸의 중심부에 있는 근육

기도 했다. 살며시 웃음이 나왔다.

> 내 몸을 움직이는 게 즐겁다.
> 이렇게 움직이면서 숨을 쉬고
> 내가 존재함을 느끼는 게 좋다.

아무 생각 없이 창밖의 나무를 바라보는데, 나뭇가지 위로 어린 새들이 날아와 서로 장난치는 걸 바라보는 흐뭇한 기분, 코가 간지러울 때 재채기가 제때 나와 상쾌한 기분, 지하철에서 어린아이와 눈이 마주쳤을 때 눈을 크게 뜨고 인사하면 해맑은 웃음이 돌아올 때 드는 맑은 기분. 무엇이든 할 수 있을 것만 같은 자유롭고 충만한 그런 기분이었다.

그렇게 아무런 욕심 없이 '15분만 나가서 놀다 오자'라는 생각으로 시작했다. 쉬고 싶은 날에는 쉬었고, 달리고 싶은 날에는 달리고 싶은 만큼 달렸다. 내가 할 수 있는 만큼만 달리기 시작하니 자연스레 달리는 시간과 거리가 늘어났다. 여전히 달리는 거리나 시간에 대해 목표를 세우진 않았다. 일이 바빠 2~3일 동안 뛰지 못하면 아쉽긴 했어도 예전처럼 법을 어기는 듯한 불안감은 들지 않았고, 일이 정리되면 다시 가벼운 마음으로 달리기를 이어갔다. 그렇게 달리기는 천천히 내 삶으로 다시 들어오고 있었다.

나만의 달리기를 찾아서

 나는 달리기를 할 때 가장 살아있음을 느꼈고, 그 충만함과 재미에 빠졌다. 빨리, 오래 달릴수록 쾌감과 몰입 정도가 깊어졌기에 더 빨리, 더 오래 달리고 싶었다. 그러기 위해 최고의 달리기 선수가 되고 싶었다. 그 방법을 세계에서 가장 빠른 케냐 마라토너들로부터 배울 수 있으리라 생각했고, 큰 기대를 품고 케냐에 다녀왔다.

 하지만 계획과 기대가 항상 그렇듯, 나는 케냐에서 빠름의 비밀을 배우지 못했다. 세계 최고의 달리기 방법이나 최고의 선수가 될 수 있는 비법도 배워 오지 못했다. 그 비밀은 케냐 선수들이나 유명한 코치에게 있는 것이 아니었다.

 영화 <쿵푸팬더>에서 주인공 '포'는 힘든 여정 끝에 우주 최강의 '용의 전사'(Dragon Warrior)가 될 수 있는 무술 비법이 담긴 두루마리를 손에 쥐게 된다. 하지만 두루마리를 펼쳤을 때, 자신의 얼굴만 깨끗하게 반사되어 보이자 이내 당황한다. 자기 자신을 잊고 두루마리에만 집착해 왔던 포는 그제야 있는 그대로의 자신을 바라보게 된다. 자신을 스스로 이해하게 되자 포는 다른 이들이 무술인으로서 적절치 않다고 여겨온 자신의 통통한 뱃살로 적을 무찌른다. 자신을 있는 그대로 바라보자 비로소 자신의 무술을 펼칠 수 있게 된 것이다.

 포가 두루마리에 집착했던 것처럼 나는 '최고의 달리기 방법'만을 좇고 있었다. '달리기 선수가 되려면 매일 이 정도 훈련은 해야지'라는 생각으로 남들에게 나를 내세우기 위해 케냐 선수들의 훈련 스케줄을 기계적으로 따라 할 뿐이었다. 나의 삶을 담지 않고 내가 아닌 타인의 시선을 의식한 달리기를 의무감을 가지고 했으니 즐겁지도 않고 빨라질 수도 없었던 것이 당연하다. 그저 재미있어서, 내가 행복해서, 온전히 살아있음을 느낄 수 있어서 달렸던 처음의 모습과 정반대였다.

최고의 달리기 방법을 잊고
있는 그대로의 나를 바라보자

케냐에 다녀온 후 5개월간 겪은 달리기와의 차가운 이별 끝에 나는 초심으로 돌아갔다. 내겐 기록과 빠름을 위한 달리기가 아닌, 쉼, 재충전, 나를 위한 시간을 보내는 방법으로서의 달리기가 필요했다. 내가 할 수 있는, 나를 위한 달리기를 할 용기가 필요했다. 그렇게, 천천히 달리기는 다시 내 삶의 일부가 되었다.

내 삶 속에 들어온 달리기는 삶을 더욱 풍요롭게 하는 하나의 놀이가 되었다. 달리면서 느껴지는 몰입과 즐거움을 회복했다. 케냐에서 배운 것처럼 달리기가 빠름 외에도 느림, 인내, 자제, 헌신, 즐거움, 쉼 등으로 이루어진 아주 섬세하고 유기적인 행위임을 다시금 경험했다.

퇴근 후 강원도 고성 해변에서도 달리곤 했다. 달리는 동안 뺨에 스치는 바닷바람과 몸 안에 들어왔다 나가는 숨을 그대로 느낄 수 있었다. 온몸에 힘을 빼고 몸 전체가 앞으로 떨어지듯 기울인 상태로 내 몸이 지면에 어떻게 떨어지고 앞으로 나아가는지 집중하며, 가장 자연스럽고 부드러운 스텝으로 달려나갔다. 그러다 보면 몸에 쌓여 있던 긴장감이 풀리기 시작했다. 아무 생각 없이 달리는 지금, 이 순간에만 집중하며 억지로 속도를 올리려 하지 않는다. 달리기가 저절로 되게끔 기다린다.

그러다 보면 힘을 들이지 않아도 저절로 달리기가 계속된다. 내가 달리는 것이 아니라 달리기가 나로부터 드러난다. 나는 없어지고 달리기만이 존재한다. 나는 자유 그 자체가 되어 온전하고 충만하게 살아있음을 느낀다. 온몸에 피가 돌면서 몸이 가벼워지고, 머리가 맑아지는 느낌이 좋다. 고민하던 여러 문제의 조각들이 스스로 맞춰지며 생각지도 못한 해법이 떠오를 때도 있다. 바쁜 일상에서 잊고 지냈던 질문, 생각들, 고마운 사람들, 사랑하는 이들이 떠오른다. 살아서 이렇게 달릴 수 있음이 감사하다.

달리기에는 정답도 공식도 없다

　달리기에 정해진 것은 없다. 사람마다 신체 구조도 다르고, 달리려는 동기도 다르다. 내가 뛰고 싶은 만큼 뛰고, 멈추고 싶을 때 멈추면 된다. 뛰다가 걷다가, 다시 뛰어도 된다. 마라톤을 반드시 완주하지 않아도 되고, 굳이 한계에 도전하겠다고 힘들게 뛸 필요도 없다. 경쟁과 소비 심리를 부추기는 스포츠 브랜드가 만들어 낸 이미지에 자신을 투영할 필요도 없다.

　누군가에게 달리기가 휴식이라면, 다른 누군가에게는 건강을 위한 좋은 습관이고, 또 다른 이에게는 살아남기 위한 삶의 수단일 수 있다. 결국, 중요한 것은 자신의 기준과 방식으로 내가 할 수 있는, 나의 달리기를 하는 것이다.

　달리기에 관심 있지만, 막상 시작하는 것이 두렵다면, 일단 바닥에 대자로 드러누워 그 생각을 가만히 바라보며 어떻게 그 생각을 하게 되었는지 살펴보자. 그러다 보면 그 생각을 직접 확인해보고 싶은 충동이 들 때가 올 것이다. 바로 그때, 신발을 신고 밖으로 나가 천천히 자신의 속도로 움직여보자. 중력과 나와 땅 사이의 리듬을 느껴보자. 그렇게 달리다 보면, '어라, 꽤 재밌네?', '아, 달리기가 이럴 수도 있구나!', '어라, 이 정도도 될 수 있네?'라고 생각하는 자신을 발견할 수 있을 것이다.

달리면서 그간 고민하던 문제들이 해결되는 경험을 할 수도 있다. 몸과 마음이 조금이나마 더 단단해짐을 느낄 수도 있다. 다른 사람들과 같은 리듬으로 뛰는 즐거움을 발견할 수도 있겠다. 한편으로는 내가 달리는 이유에 대한 고민을 시작할 수도 있을 것이다. 그렇게 빠름과 느림, 기록과 순위를 뛰어넘는 '나만의 달리기'에 대한 기준을 찾을 수 있을 것이다.

세계에서 가장 빠른 케냐 마라토너들은 자신만의 속도로 무리하지 않고 '천천히' 달린다. 우리가 보기에 아주 빠른 그들의 속도는 '내가 할 수 있는 달리기'를 차곡차곡 쌓아서 '내가 할 수 없었던 달리기'를 해낸 결과다. 우리도 나만의 페이스로 나를 위한 달리기를 하다 보면 이전에 할 수 없었던 달리기를 할 수 있다. 무엇보다 나를 위해 달리는 그 순간 자체가 행복하고 나의 삶을 풍요롭게 해주는 시간이 될 것이다.

에필로그

두 번째 케냐: 모험에 대한 열망과 안정적인 삶에 대한 욕구 사이에서

"2019년 4월 3일, 저는 케냐 이텐 마을로 다시 향했습니다. 브라더 콤이 운영하는 30년 된 육상 캠프에 직접 참가해 세계 최고의 달리기와 코칭을 더 깊게 배우고 경험하고 싶었습니다. 그리고 안정적인 삶에서 조금 더 멀리 모험을 떠나보고도 싶었습니다. 3개월 정도 케냐에 머무르는 동안 매주 뉴스레터로 제 소식을 전했습니다. 이 뉴스레터를 재구성하여 두 번째 케냐의 경험을 여러분과 나누고자 합니다. 감사합니다."

2015년, 절친 미겔이 내가 공부하던 학교로 놀러 왔다. 우린 베이컨 치즈버거를 먹고 맥주를 마시며 이런저런 이야기를 나누었다. 고등학생 시절 사춘기의 혼란 속에서 우리에게 맞는 삶의 방향을 함께 고민했던 우리는 8년이 지난 후에도 같은 고민의 줄기를 이어갔다.

고등학생 때는 '왜 사는지' 궁금했다. '좋은 대학'은 왜 가야 하는지, 그게 '좋은 직업'을 갖기 위한 것이라면 좋은 대학을 나와 좋은 직장을 다니며 가정을 꾸리고 일하다 은퇴하고 때가 되면 죽는 삶이 나에게 의미가 있을지 이해되지 않았다. 대학에 진학한 후에는 '사회에 가치 있는 사람'으로 사는 것이 '왜'라는 질문에 대한 나름의 답이 된다고 생각했고, 당시 공부하던 물리학을 바탕으로 에너지와 물 문제에 대해 더 공부하고 싶어 대학원에 진학했다.

"어떻게 살고 싶어?"

미겔이 물었다.

당시 나는 머리로 계획하고 이해하며 계산하면서 사는 것에 지쳐있었다.

"미겔, 나는, 글쎄… +,-가 없는 삶을 살고 싶어"

말을 하면서도 이게 무슨 뜻인지 잘 모르겠다는 생각이 들었다.

미겔도 그랬는지 나에게 물었다.

"그게 무슨 말이야?"
"보통 뭔가 하려고 할 때 나에게 이득이 되는지부터 따져보잖아. 그런데 가끔 그런 거 없이 '그냥' 하게 되는 것들도 있지. 아니면 이득이 될지 판단을 못 했는데도 일단 하게 되는? 무언가에 강렬히 이끌려서든, 환경에 의해서든, 그런 행위로 가득한 삶을 살고 싶어. 정확히 설명하긴 어렵지만, 아무튼 그게 +,-가 없는 삶 같아."

그날 미겔과 함께 블루문 맥주 열두 팩을 다 마시느라 우리의 대화가 어떻게 끝났는지 잘 기억나진 않는다. 그렇지만 돌아보면 난 이런 이야기를 하고 싶었던 것 같다. 이득이 될지 손해가 될지 명확히 판단되지 않는, 지금의 내 안목과 수준으로는 일의 가치도 결과도 가늠하기 힘든 일을 하고 싶다고. 손익을 따지는 것보다 새로운 일이고 새로운 방식으로 일할 수 있어서 '그저 끌려서' 하게 되는, 그런 것들로 가득 찬 삶을 살고 싶다고 말이다.

모험에 대한 열망과 안정적인 삶에 대한 욕구 사이에서

2019년 4월 3일, 나는 두 번째로 케냐 이텐에 왔다. 2015년 여름에 처음 이곳에 왔을 때는 '세상에서 가장 빠른 사람들의 비밀을 익혀서 그들보다 빨리 달리고 싶다'는 분명한 목적이 있었지만, 이번에는 그렇지 않았다. 물론 달리기를 더 잘하고 싶은 마음과 브라더 콤의 캠프에 참여해 케냐 선수들과 함께 체계적으로 훈련하기로 한 기회 같은 명분이 있었지만, 그것으로 충분하다는 생각이 들진 않았다. 머리로 이해할 만한 연결고리들을 억지로 만들어내는 느낌이었다. 케냐를 다시 방문할 준비를 하는 내내, 심지어 이텐으로 향하는 비행기 안에서도 생각을 이어갔지만, 도무지 결론을 내릴 수 없었다.

"꼭 이유가 필요할까? 나에게 이건 '그냥' 해보고 싶은 도전이고, 모험인데."

나이로비로 향하는 비행기 안에서 나는 비로소 결론을 내렸다.

명확한 이유가 있는 행위들로만 채워진 삶은 익숙한 범주 안에서만 펼쳐진다. 사회와 문화의 테두리 안에서 학습된 사고방식의 틀 안에 갇히기 때문이다. 내가 그랬다. 주변 사람들이 보기에 '올바르게' 살고 싶었고, 그러다 보니 '그냥' 마음이 끌리는 일들은 대부분 우선순위에서 밀려났다. 큰 실패 없이 겉으로 보기에 나름 성공적이고 올바른 삶을 살면서도 마음 한구석에서는 '이게 맞나?'라는 생각이 떠나질 않았다.

돌이켜보면 2015년 처음 케냐에 갔던 것도 이성과 논리의 틀 안에 갇혀 있던 삶을 바깥으로 확 내던져보는 작은 실험이었다. '말도 안 되는' 짓을 해본 것이다. 감사하게도 틀을 벗어나는 것이 걱정했던 것만큼 위험하거나 돌이킬 수 없는 결과를 초래하지는 않는다는 것을 경험했다. 물론 '너무' 벗어나면 모험을 통해 얻을 수 있는 기대와 흥분이 부담과 불안으로 바뀔 수 있다는 것도 경험했다.

케냐에서 돌아온 후, 내 안에 있는 모험에 대한 열망과 안정적인 삶에 대한 욕구 사이에서 중심을 잡고 사는 방법을 계속 실험하고자 했다. 안정적인 회사생활로 평일 낮을 보내고 저녁과 주말에는 달리고, 공부하고, 사람들과 경험을 나누는 모임을 시도했다. 경계선을 오가는 춤을 추면서 내가 행복한 리듬과 공간을 찾고자 했다.

그렇게 3년간 연습하면서 생긴 자신감이 두 번째 케냐행을 결심하는 데 도움이 되었다. '경계선에서 모험 쪽으로 조금 더 가서 3개월만 여행하고 오자'고 마음먹었다. 3개월로 정했던 이유는 모험에 충분히 집중할 수 있으면서도 안정적인 삶으로 무리하지 않고 다시 돌아올 수 있을 만한 시간이라 생각했기 때문이다.

지난 3개월은 분명 나에게 '+'가 될지 '−'가 될지 알 수 없는 시간이었다. '그저 끌려서' 하게 되었다는 것만 분명할 뿐, 이 시간이

나에게 어떤 결과를 가져다줄지 모르겠다. 일단 3개월을 버틴 것 자체가 자랑스러울 따름이다. 가장 힘들게 하는 것은 음식과 사람이었다. 6주 차가 되었을 때 김치찌개와 삼겹살이 눈앞에 아른거렸고, 형과의 술, 친구와의 멸치회, 어머니의 된장국이 그리웠다. 미국에 있는 여자친구가 보고 싶어 미국행 비행기를 검색하며 표를 끊을까 말까 고민한 것도 여러 번이었다. 하지만 스스로 시작한 도전을 힘들다는 이유로 회피하고 싶지 않았다. 힘든 것마저 그대로 살아내며 버텨보고 싶었다.

찰리 채플린의 영화 <위대한 독재자>에 이런 대사가 있다.

"We think too much and feel too little. More than machinery, we need humanity; more than cleverness, we need kindness and gentleness. Without these qualities, life will be violent and all will be lost."

그때 나는 미겔에게 "너무 똑똑하게 살고 싶지 않다."라고 이야기하고 싶었던 것 같다. 다시 미겔과 대화하게 된다면 이 대사를 함께 전해야겠다.

따라가려 하지 말고, 나의 최선을

성 패트릭 고등학교(St. Patrick's Highschool) 유소년 육상 캠프는 '케냐 육상의 대부'라 불리는 브라더 콤이 1967년부터 시작한 캠프다. 나는 이 캠프에 유일한 한국인이자 외국인으로 참가했다. 매년 4월과 12월에 열리는 이 캠프에는 14살부터 18살까지의 유소년들이 참가하는데, 세계적인 성공을 거둔 선수들을 수십 명 배출한 캠프답게 케냐 전역에서 내로라하는 선수들이 참가한다.

훈련은 케냐에 도착한 바로 다음 날부터 시작되었다. 아직 여독이 덜 풀렸고, 고지대에 몸이 적응하지도 못했지만, 이곳에서 비교적 '느린 편'에 속하는 여자 선수 그룹만 따라가 보자는 목표를 세웠다. 첫 번째 훈련은 600m를 8번, 400m를 2번 달리는 프로그램이었는데, 처음 600m를 달리자마자 바로 기량의 차이를 확인할 수 있었다. 그날 한 가지 중요한 가르침을 얻었다. '따라가려 하지 말고 나의 최선을 다하자'라고.

기량이 뛰어난 선수들과 함께 훈련하기는 쉽지 않았다. 그래도 따라가고 싶은 욕심이 계속 생길 때마다 스스로 '내 최선만 다하자'는 주문을 걸었다. 좀처럼 꼴찌에서 벗어나지 못했지만, 예전에 뛰다가 힘이 들어서 자주 걸었던 코스를 어느새 여유 있는 호흡으로 완주하게 되었다. 매일 최선을 다했고, 조금씩 성장했음을 분명하게 느끼는 것이 큰 성취감으로 다가왔다.

이곳의 훈련 일정은 비교적 단조롭다. 아침 6시 알람에 맞춰 일어나 운동복을 입고 밖으로 나가면 아직 해가 뜨지 않은 하늘에 별들이 놓여있고 공기는 새들의 소리로 가득 차 있다. 먼저 나와 있는 유소년 선수들과 천천히 조깅을 시작한다. 어둑어둑한 길을 40분 정도 달리면 어느새 해가 떠 있다. 조깅을 마친 후 케냐 밀크티와 식빵으로 아침 식사를 간단하게 한다. 오전 7시 45분쯤 방으로 돌아와 9시까지 '아침 낮잠'을 청한다.

오전 9시 30분부터는 가장 강도 높은 메인 훈련을 시작한다. 두 시간 남짓 훈련을 마치고 케냐의 주식인 우갈리와 양배추 볶음을 먹고 나면 오후 1시쯤이 된다. 다시 낮잠을 청하고 4시 즈음 일어나 가벼운 조깅과 코어 운동 위주로 마지막 훈련을 하면 하루 훈련을 모두 마친다. 저녁을 먹고 일과를 마무리하고 다음 날을 준비하며 잠자리에 든다.

케냐 선수들이 세계적으로 뛰어난 성적을 거두는 이유는 여러 가지가 있겠지만 같이 생활하면서 느낀 뚜렷한 이유는 '꾸준함'과 '감사함'이다. 선수들은 쉽지 않은 훈련 일정을 절대 빼먹지 않고 매일 감사하는 마음으로 임한다. 선수들은 이 캠프를 거친 뒤 세계적인 활약을 펼치는 선배들을 통해 영감을 얻기도 한다. 2020년 1월 12일 10km 로드레이스 세계 신기록(26분 24초)을 세운 로넥스 키프루토(Ronex Kipruto), 800m 세계 신기록을 보유한 데이비드 루디샤(David Rudisha), 37살의 나이로 2017 보스턴 마라톤을 우승한 에드나 키플라가트(Edna Kiplagat)가 이 캠프를 거쳐 간 대표적인 선수들이다.

이곳에서 훈련하는 유소년 선수들에게 달리기는 삶을 바꿀 기회다. 이들 대부분은 러닝화를 사기 힘들 정도로 형편이 좋지 않다. 캠프는 아디다스의 후원과 캠프를 거쳐 성공한 선수들의 개인적인 지원으로 운영된다. 캠프와 학교를 관리하는 경비원의 월급이 한국 돈으로 15만 원 정도인데, 이곳에선 '훌륭한' 수준이라고 한다. 이에 비해 달리기 선수로 성공하면 수천만 원에서 더 많게는 수억 원의 상금을 벌 수 있다. 그리고 케냐의 경찰, 육군, 공군, 해군 등에서 월급 3~40만 원을 받고 일하며 훈련을 이어 나갈 수도 있다. 달리기가 삶을 통째로 바꾸는 기회인 셈이다. 그래서 이들은 하나라도 더 배우고 조금이라도 기량을 더 늘리면서 코치들의 눈에 띄고 싶어 한다.

캠프가 끝날 무렵이 되었는데 선수들은 집으로 돌아가고 싶지 않아 했다. 끼니를 꼬박 챙기지 못할 수도 있고, 집안일과 농사를 돕느라 제대로 훈련하기 힘들 수 있기 때문이다. 그런 쉽지 않은 조건에서 달리기에 대한 집중을 잃지 않고 훈련을 이어가는 선수들도 있을 것이다. 또 그런 선수 중에서 고등학교 졸업 후 프로 선수들을 양성하는 캠프에 들어가는 이들이 있을 것이고, 수많은 노력 끝에 세계적인 대회에서 우승하는 선수들이 나올 것이다. 쉽지 않은 과정이다. 그렇지만 자신의 삶을 스스로 개척하고 심지어 세계 최고가 되기 위해선 그에 상응하는 노력과 열정 그리고 집중이 필요한 것 같다.

하쿠나마타타

아침 훈련에서 2시간 롱런을 하고 쿨다운 하는 도중에 풀밭 사이의 구멍을 보지 못하고 왼쪽 발목을 접질렸다. 순간 케냐까지 와서 다쳤다는 사실과 찌르는듯한 통증에 화가 치밀었다. 풀밭에 누워서 소리를 질렀다. 험한 욕도 절로 나왔다. 맨발이었다면 이 정도는 아니었을 텐데, 하며 신발 끈을 풀어 저 멀리 던져버렸다. 통증도 화도 쉬 가라앉지 않았다.

통증이 조금 잦아들고 나서 꼭 감았던 눈을 떴다. 하늘이 보였다. 새파랗고 새하얀 하늘이 너무 아름다워서 통증과 화가 잊히는 듯했다. 순간 웃음이 나왔다. 나 자신이 너무 웃겼다. '그렇게 화를 낸다고 발목이 나아지냐?'라는 생각이 들면서 그제야 숨을 길게 내쉬었다. 그렇게 한참을 누워 하늘을 바라보았다. '어쩌겠어? 이미 접질려졌는데.'

그날은 컨디션이 좋아서 저녁에도 뛰려고 했다. 물이 올랐다고 해도 될 만큼 훈련의 흐름이 좋기도 했다. 당연히 아쉬웠다. 그런데 어쩌랴, 다친 왼쪽 발목만 시간여행을 시킬 수도 없으니… 대신 감사할 것들을 찾기 시작했다. 지금까지 부상 없이 달려온 것, 뼈가 부러지는 부상이 아닌 것에도 감사했다. 달리기 훈련을 쉴 수 있는 명분이 생긴 것도. 당분간 푹 쉬면서 망고랑 바나나랑 아보카도를 쌓아두고 많이 먹기로 했다. 그림도 그리고 여기서 지내는 동안 훈련 말고도 하려고 마음먹었던 일을 하기로 했다. 아무것도 안 하고 침대에 누워서 멍때리는 것도.

하루는 짧은 일정으로 이곳을 방문한 체린, 진서 님과 사파리 여행을 하기로 했다. 예약해둔 아침 6시 반부터 시작하는 투어를 가기 위해 5시 반에 일어나 샤워를 하고 나쿠루 국립공원으로 향했다. 입장권을 사고 해가 천천히 떠오르는 것을 바라보며 어떤 동물들을 볼 수 있을까 하는 기대로 투어가이드가 오기를 기다렸다.

입장권을 판매하는 직원이 10분 정도면 가이드가 도착할 거라고 했는데, 20분이 지나도록 도착하지 않았다. 야생 동물들은 시원한 아침과 이른 저녁에 주로 이동하기 때문에 해가 뜨기 전 시간을 최대한 활용하는 것이 중요하다. 더욱이 우리는 일정 때문에 아침 시간 동안만 사파리를 구경하기로 했던 터라 더 마음을 졸여야 했다. 30분이 지나도 나타나지 않았던 가이드는 사무실로 찾아가 재촉하고도 30분이나 더 지나서야 나타났다. 단단히 화가 난 나는 차에서 내리는 가이드에게 1시간이나 기다렸다며 따졌다.

그런데 가이드는 세상 근심 없는 밝은 표정으로 웃으며 우렁찬 목소리로 이렇게 말했다.

"그래도 지금 여기 왔잖아요! 하쿠나마타타!"

순간, 아주 잠시, 세상이 멈추는 듯했다. '뭐지? 이렇게 늦게 와서 저렇게 말도 안 되는 소리를 저렇게 해맑게 웃으면서 하다니?'

너무 당황스러워서 아무 말도 못 하는 내게 존(John)이 동물들이 기다리고 있으니 어서 가자고 재촉했다.

"걱정하지 말아요! 내가 동물들이 어디 있는지 다 알고 있으니. 갑시다!"

계속 화를 낼지 차에 탈지 결정하지 못하고 서 있는 나를 존이 다시 한번 이끌었고, 나는 그를 따라 차에 탔다. 1시간 동안 마음을 졸이면서 쌓였던 몸과 마음의 화가 시간이 흐르면서 스스로 녹아내려갔다. 그제야 어깨와 목의 긴장이 풀리며 볼에 스치는 시원한 아침 바람을 느꼈다. 체린, 진서 님과 서로 '어쩌겠어'하는 웃음을 지었다.

원하지 않았던 일이 벌어진 다음 그 일에 대해 화를 내는 것은 그리 큰 도움이 되지 않는다. 화를 추스르고 현재 지금 할 수 있는 최선을 끌어내는 것에 집중하는 것이 낫다. 이제 나는 그런 일이 생길 때면 존의 세상 편한 웃음과 우렁찬 목소리의 '하쿠나마타타'를 떠올린다. 물론 이 말을 골치 아픈 일을 잊는 목적으로 사용한다면 같은 일이 또 벌어질 따름이겠지만.

다친 발목의 회복은 생각보다 빨랐고, 곧바로 쉬는 동안 부족해진 훈련량을 채우기 위해 며칠 동안 많이 달렸다. 그런 탓인지 다시 발목에 이상이 느껴졌다. 확실히 나은 것이 아니었던 모양이다. 당분간 푹 쉬기로 했지만 내 마음속에서는 눈에 보이는 성과를 원하는 욕심이 여전히 자리했던 모양이다.

캠프에서 함께 훈련하는 에드나에게 부상에 대해 불평했다. 에드나는 고지대에서도 10km를 34분에 달리는 빠른 기록을 가진 선수다. 에드나는 큰 부상 때문에 6개월 동안 훈련하지 못했던 경험을 이야기 해주었다. 다쳐서 몸이 아픈 것보다도 훈련하지 못하는 데서 오는 심리적인 부담이 더 힘들었다고 한다. 에드나는 캠프 선수 중에서도 가장 열심히 훈련하는 모범적인 선수이기 때문에 훈련을 못 하는 것이 얼마나 괴로웠을지 어느 정도 짐작할 수 있었다. 그래도 에드나는 부상 전까지 했던 노력과 앞으로 하게 될 노력이 분명 결실로 이어질 것이라는 기대로 꾸준히 훈련했다고 한다.

'모소 대나무'는 싹을 틔울 때까지 평균 5년이 걸린다고 한다. 싹을 틔우기 전까지는 겉으로 보기에 아무런 변화가 없는데, 한 번 싹이 트면 하루에 30cm 이상 쑥쑥 자란다고 한다. 5년 동안 겉모습에 변화가 없는 대신 물과 영양소들을 땅에 뿌리를 내리고 자라는 데 썼던 것이다. 아무런 성장도 변화도 없어 보였지만 모소 대나무는 자신의 방식대로 성장하고 변화하고 있었던 셈이다.

좋은 기회가 닿아 동경하던 마라톤 선수인 제이크 로버트슨(Jake Robertson)을 이곳에서 만날 수 있었다. 그는 17살 때 쌍둥이 형제 제인(Zane)과 함께 케냐로 와서 수많은 고난과 역경을 거쳐 2시간 8분대 마라톤 선수가 되었다. 이텐 보다 더 고지대인 지역에서 새로운 달리기 루트를 함께 탐험하며 그의 달리기에 대한 여정을 직접 들을 수 있었다. 그를 만든 것은 천부적 재능이나 운이 아니라 고난, 훈련, 인내였음을 피부로 느낄 수 있었다. 그도 처음 훈련을 시작하고 2년 동안은 좀처럼 발전이 없다가 2년이 다 되어갈 무렵부터 폭발적으로 기량이 성장했다는 말을 듣고 내가 너무 성급해하고 있다는 것을 깨달았다.

잘 달리기 위해서는 열심히 훈련하는 것만큼 인내도 필요한 것 같다. 인내는 눈에 보이는 성장의 멈춤을, 아무것도 하지 않고 가만히 관찰할 것을 요구한다. 시간을 낭비하는 것 같은 불안을 느끼지만 그렇게 아무것도 하지 않는 시간 동안 더 큰 성장을 위한 눈에 보이지 않는 준비가 이루어진다.

사람들은 대부분 빠른 결과를 원한다. 빠른 성장을 위해 자신을 한계에 밀어붙이는 데에 익숙하다. 그렇게 몸과 마음을 '하얗게 불태우고' 번아웃에 빠지기도 한다. 인내심을 가지고 꾸준히 이어가면 잘 될 일을 욕심을 내고 서두르다 망치기도 한다. 조바심과 욕심은 지금, 이 순간을 계속 무시하게 한다.

나도 그랬다. 달리고 있는 순간을 가득 채우고 있는 마법 같은 것들을 보지 못했다. 아름다운 이텐의 경치, 발이 땅에 닿을 때의 느낌, 고지대의 깨끗한 공기, 달리는 리듬에서 오는 경쾌함 말이다. 새벽부터 오후까지 이어지는 훈련이 어느새 일상이 되면서 몸이 성장하는 만큼 마음의 피로가 쌓인 것을 느꼈다. 하루는 훈련을 쉬기로 하고 그동안 훈련하느라 소홀했던 방 정리를 했다. 내 방에는 침대가 두 개 있는데, 짐을 거의 정리하고 나니 지금까지 크기가 작은 침대에서 쪼그려서 자고 있었던 것을 알게 되었다. 서두르지도 게으름 피우지도 않으면서 나만의 중심을 잡고 천천히 나아가야 한다는 것을 그동안 짐에 가려져 있던 큰 침대가 말해 주는 듯했다.

꾸준함과 감사함으로

다큐멘터리 <스시 장인: 지로의 꿈>을 10번도 넘게 봤을 정도로 좋아한다. 이 다큐멘터리는 60년이 넘도록 초밥을 만든 지로의 삶과 그의 음식점과 수제자들을 조명하면서 매년 미슐랭 가이드의 별 3개를 받는 초밥을 만드는 과정을 자세히 보여준다. 그런데 초반부에 나오는 지로의 인터뷰 때문에 매번 '다큐멘터리에 나오지 않는 비밀이 있지 않을까?'하는 의문을 품게 된다.

"맛을 어떻게 표현할 수 있을까요? 맛은 말로 설명하기 힘듭니다. 꿈에서 새로운 아이디어들이 보여서 밤중에 잠이 깨곤 합니다. 꿈에서 새로운 초밥들이 형상화되곤 하죠."

2015년, 달리기에 빠질 때도 비슷한 의문을 품었다. 40년이 넘도록 세계를 제패하는 달리기 선수들이 같은 나라 출신이라면, 거기에는 반드시 어떤 비밀이 있으리라 생각했다. 매일 달리기를 하며 온라인에서 찾을 수 있는 케냐의 달리기에 대한 거의 모든 정보를 읽고 또 시청했다. 하지만 그 정보들에서는 '비밀'을 찾을 수 없었다. 직접 케냐에 살면서 달려봤는데도 마찬가지였다. 어디에도 '비밀스러운' 비결은 없었다.

다시 찾은 이텐에서 그 비밀이 무엇인지 드디어 깨달았다. 그동안 나는 어떤 비결이나 비법 같은 것에서 비밀을 풀 실마리를 찾으려고 했는데, 정작 실마리는 케냐 선수들의 사고와 행동에 있었다. 케냐 선수들은 그 누구보다 열심히 훈련한다. 매일 달리기에 모든 것을 바친다. 쉽지 않은 훈련 일정을 빠뜨리지 않고 매일 꾸준함과 감사함으로 훈련에 임한다.

그리고 노력의 힘을 믿으면서도 노력의 결과에 집착하지 않는다. 나는 이것이 달리기를 향한 케냐 선수들의 노력을 지속시키는 힘이라고 생각한다. 삶에서는 그 어떤 것도 보장될 수 없다는 것을 직시하고, 그렇기에 혹은 그럼에도 불구하고 최선을 다하며 그 과정을 인내한다. 2013년 서울 마라톤에서 우승한 헬라가 "열심히 훈련하는 것은 나의 몫이고, 결과는 신의 몫이다"라고 말한 것처럼, 목표를 이루기 위해 최선을 다해 노력하지만, 그 목표가 이루어지는지 아닌지는 노력만으로 결정되는 것이 아니라는 것을 안다는 것이다.

성공담을 다루는 자기계발에 관한 책들은 대부분 성공하기 전의 모습을 잘 그리지 않는다. 사람들은 그런 성공담을 통해 '씨앗'이나 '나무'를 보지 못하고 '열매'를 흉내 내보는 데 그친다. 과정을 배워야 하는데 결과만 다루는 것이다.

'너 자신을 알라'는 소크라테스의 명언을 처음 접한 것은 중학교 철학 시간이었다. 그땐 '나의 어떤 부분을 알라는 거야?'하고 잠시 고민하다 생각을 접고 축구를 하러 나갔지만, 이텐에서 두 번째로 훈련하는 동안 이 문장의 힘을 서서히 느낄 수 있었다. 두 번째 케냐에서의 시간은 나에게 달리기뿐 아니라 성공, 돈, 성장, 시간, 사랑, 실패 등의 다양한 모습을 발견하고 알아가며 나 자신을 확장할 수 있는 경험을 수었다. 이 경험들이 나의 삶 안에서 어떻게 연결될 것인지, 어떤 모양새로 나에게서 나타날 것인지는 시간이 지나야 알 수 있을 것이다. 나는 계속 변화할 것이기에 나를 알아가는 노력도 계속되어야 할 것이다. 결국, 익숙하고 안정적인 공간과 모호하고 위험한 공간 사이의 경계를 드나드는 모험은 케냐 이텐 뿐 아니라 나의 모든 일상에서 펼쳐지는 셈이다.

토요일 아침 5시 55분에 109분 달리기를 하는 방법

아침 5시 55분. 핸드폰 알람에 잠이 깬다. 항상 그렇듯, 머릿속에 있는 원숭이가 먼저 말을 걸어온다. "침대 편하지 않아? 잠 좀 더 자! 달리기는 이따 오후나 내일에도 할 수 있잖아~!"

지난 몇 주 사이 원숭이의 말을 듣고 아침 조깅을 거른 적이 있다. 하지만 오늘은 아니다. 오늘은 롱런(LSD, Long Slow Distance)을 하는 날이다. 일주일에 단 한 번 하는 이 훈련을 빼먹을 수 없다. 오늘 롱런을 하기 위해 어제저녁 10시부터 핸드폰을 에어플레인 모드로 전환하고 잠을 잤다. '힘이 없다'는 핑계를 대지 않도록 저녁밥도 넉넉히 먹었다.

원숭이에게 아무런 대답도 하지 않는다. 상대할수록 이 녀석은 더 시끄러워진다. 몸을 움직이는 게 먼저다. 천천히 침대에서 몸을 일으켜 세우고, 잠옷을 벗어 침대 위에 놓는다. 그리고 아침에 달릴 때 입는 옷들을 주섬주섬 챙겨 입는다. 장갑을 낄까 생각해본다. 장갑 대신 얇은 레인 재킷을 걸치고 문밖으로 나선다.

아직 해가 지평선 위로 뜨지는 않아서, 하늘은 새벽녘의 검푸른 색을 품고 있다. 수백 명의 세계적 육상 선수들이 달리기를 시작한 성 패트릭 고등학교(St. Patrick's high school) 대문을 천천히 나선다. 오른쪽으로 방향을 틀어 뱀과 같이 이리저리 휘어진 언덕으로 가득 찬 이텐의 시골길로 들어선다. 어떤 코스로 뛸지는 어제저녁부터 생각해 두었다. 7km 정도 시골길을 따라 달리다 엘도렛과 이텐을 잇는 큰길을 만나면 오른쪽, 엘도렛 쪽으로 방향을 튼다. 이른 아침에는 속도를 바로 내기가 힘들기에, 큰길까지는 대충 40~45분 정도가 걸릴 것이다. 엘도렛 쪽으로 방향을 틀고 나서는 20~25분을 더 달리다가, 180도 방향을 틀어 큰길을 쭈욱 따라 학교로 돌아오면 된다. 이 정도면 총 100분을 달리려는 나의 목표를 달성할 수 있을 거야.

그런데 몸이 너무 무겁다. 어제 저녁밥을 너무 많이 먹은 건가? 달리는 리듬을 더 빠르게 해본다. 가슴을 열고 늑골을 확장하고, 코어 근육으로 리듬을 주도해 본다. 잘되지 않는다. 몸은 계속 무겁다. 그래도 계속 달린다.

어느새 햇빛이 내 얼굴을 때린다. 적도 부근 2,400m 고지대에서의 햇빛은 해수면에서의 햇빛과는 비교가 되지 않는다. 첫 주에 선크림을 바르지 않았더니 얼굴 여기저기에 얕은 화상을 입었다. 그 이후로는 달리러 나가기 전 매번 의식을 치르듯 선크림을 바른다.

시계의 스톱워치는 '22분'이라고 표시되어 있는데, 한 시간도 더 지난 것 같다. 몸이 리듬을 타지 못하고 있다. 언덕을 오르는데 코로만 숨쉬기가 버겁다. 아직 큰길까지 가지도 못했는데. 머릿속의 원숭이가 다시 속삭인다. "힘들지? 오늘 컨디션이 좀 아닌 거 같

아. 내일 아침에 하는 건 어때? 곧 큰길이 나오면 왼쪽으로 돌아서 바로 학교로 가자." 대꾸하지 않는다. 그저 호흡에 집중하며 계속 달린다.

드디어 엘도렛과 이텐을 잇는 대로에 도착, 시계의 스톱워치는 45분을 가리키고 있다. 생각할 틈을 주면 왼쪽으로 갈지도 모른다. 몸을 오른쪽으로 튼다. 휴우, 이제 내리막길을 달리며 리듬을 살려보자. 20~25분 후에 돌아서 학교로 가면 된다.

해는 등 뒤에서 나를 비춘다. 목 등에 선크림 바르는 것을 깜빡했다. 머리를 묶고 있는 끈을 푼다. 긴 머리가 햇빛을 가려주겠지.

호흡과 자세를 살펴본다. 코로 숨 쉬는 것을 확인한다. 가슴과 늑골이 열려 있는지 확인한다. 그 공간에 배 근육이 느슨하지도, 너무 단단하지도 않게 자리 잡게 한다. 중력을 최대한 사용할 수 있도록, 척추가 쭉 펴어진 상태로 몸이 앞으로 떨어지듯 기울어 있는 것을 확인한다. 고개는 숙이지 않는 것을 확인한다. 양다리가 위아래로는 최소한 움직이며 지면을 밀어내는지 확인한다. 어깨와 팔이 다리의 리듬을 주도하도록 해본다. 이건 계속 연습하는 건데, 쉽지 않다. 조금 되는 것 같다.

배가 고프다. 달리러 나오기 전에 물만 세 모금 마셨다. 훈련 캠프 요리사 소피가 잘하는 자파티, 우갈리, 마나구가 생각난다. 기억 속에 너무도 선명하게 떠오르는 동네 윤가네 오리구이, 방이동 밀

향기 해물칼국수 집의 만두전골, 쉑쉑 밀크셰이크, 어머니의 아침밥이 눈앞에 아른거린다. 어지러워진다. 의도적으로 시선을 위로 올려 하늘을 본다. 이텐의 하늘은 정말 언제나 맑고, 아름답다. 깊게 숨을 들이쉬고, 내쉰다. 그래, 나는 여기에 있어. 이곳에 있는 것을 인지하며, 달리기를 이어간다.

시계를 보니 벌써 달린 지 1시간 10분이 지났다. 큰길로 나온 후, 25분을 더 달렸다. 이제 방향을 바꿔 학교로 돌아가야 한다. 그런데 바로 바람과 햇빛이 얼굴을 때린다. 큰길로 나온 후에 달리기가 편한 이유가 있었다. 대부분 내리막길이었고, 바람이 등을 밀어주고 있었다.

하지만 지금부터가 진짜 훈련이다. 마라톤에서 사람들이 가장 많이 포기하는 구간이 30~35km 구간이라고 한다. 목표한 거리를 75% 이상 완주했을 때 몸에 남은 포도당과 레이스를 처음 시작했을 때 가졌던 흥분은 거의 고갈되어 있을 것이다. 아직 10km나 남았다는 사실이 머릿속 원숭이의 말에 대답하게 하고, 지하철을 타고 결승점으로 향하게 하나 보다. 하지만 나는 다른 옵션이 없다. 돈도 없고, 여기는 버스나 지하철도 없다. 걷거나 포기하는 건 용납할 수 없다. 실제로 그럴 만큼 힘들지도 않다. 호흡을 가다듬으며 마음을 이어간다.

브라더 콤 캠프에서 가장 빠른 로넥스를 떠올린다. 그가 내 옆에서 가볍지만 힘차게 달려나가는 모습을 상상한다. 로넥스의 자세를 흉내 내본다. 되는 것 같기도 한데 잘되지 않는다. 로넥스만큼 코어 근육과 엉덩이 근육들이 잘 작동하지 않지만 로넥스처럼 코어 근육으로 다리의 리듬을 조절해본다. 조금 되는 듯하면서, 나는 달리기에 몰입한다.

브라더 콤이 코치하는 선수들은 수년간의 희생과 노력으로 인간의 수준을 뛰어넘는 수준의 심장, 폐, 다리를 갖추고 있다. 남자 선수들은 10km를 27분 중반대로 뛰고, 가장 잘 뛰는 여자 선수는 10km를 30분 36초에 달린다. 하지만 그런 그들도 사람이라는 걸 요즘 느끼고 있다. 아침 6시 훈련 후, 밀크티를 한두 잔 마시고는 9시 30분에 있을 메인 훈련을 위해 바로 '아침 낮잠'을 잔다. 점심을 먹은 후에는 또 낮잠을 잔다. 어제저녁 8시 40분, 자기 방 침대에 누워서 핸드폰을 하고 늘어져 있는 나를 로넥스는 이렇게 말하며 쫓아냈다. "킴, 내일 우리는 아침 롱런 가야 해. 잠을 잘 시간이야!"

이텐 중앙에 있는 시장으로 이어지는 마지막 업힐을 마저 뛰어 올라간다. 학교 대문과 시장 끝 사이에 있는 마지막 업힐 빼고는 다운힐이다. 토요일은 마을 장날이다. 많은 상인이 여기저기 짐을 펼치고 있는 모습이 눈에 들어온다. 케냐의 교통수단인 마타투(Matatu)와 보다보다(Bodaboda)가 평소보다 많다. 바람과 햇빛을 받아들인 후, 나의 몸과 마음은 달리기와 하나가 되어 여기까지 왔다. 이 흐름이 계속 이어지게만, 호흡과 자세를 느끼기만 한다. 내

상체가 다리의 리듬을 이어 나가는 게 느껴진다. 코어 근육이 다리의 리듬을 주도하고 있다. 케냐 선수들이 보기에 참 느리게 달리고 있겠지만, 강렬한 느낌이 몸에 흐른다. 달릴 수 있어서 감사하다.

학교 대문까지 이어지는 마지막 업힐로 들어선다. 이 언덕 위까지만 달리면 끝이라는 것을 알기에, 남아 있는 모든 것들을 내뿜어본다. 교복을 입은 학교 학생들이 운동장에서 축구, 배드민턴, 배구를 하는 것이 눈에 들어온다. 몇몇 학생들이 나를 호기심 가득 찬 눈으로 쳐다본다. 나는 그저 웃는다.

109분 전에 잠이 덜 깬 채로 걸어서 나온 학교 대문을 감사함과 더불어 깨어 있는 상태로 통과한다. 하지만 아직 끝이 아니다. 아침에 맨발 달리기를 하는 작은 풀밭 위에서 조깅으로 쿨다운 하고, 스트레칭 한다. 마지막은 다리의 안쪽을 스트레칭 하기 위해 풀밭에 앉아서, 뻐근한 부분들이 풀릴 때까지 호흡 해본다.

천천히 일어나면서, 바지에 붙어 있는 풀들과 흙들을 가볍게 털어낸다. 로넥스와 남자 선수들처럼 언덕으로 가득 찬 18km를 60분 안에 달리지 못했다. 글로리아와 여자 선수들처럼 20km를 70분 안에 달리지 못했다. 하지만 나는 나의 최선을 다했다. 포기하지 않았다. 돈으로 살 수 없는 성취감과 만족감이 발끝부터 머리끝까지 가득하다. 원숭이는 조용하고, 나는 나도 모르게 미소 짓고 있다.

4   Haile Gebrselassie

   – 10,000m Olympic Champion at Sydney 2000

5   100 Seconds to Beat the World

10 Man on a Mission

   – Br O'Connell and the rise of Kenyan Athletics

13 Kansas to Kenya | Ugali and Sukuma Wiki

17 Man on a Mission

    – Br O'Connell and the rise of Kenyan Athletics

마인드풀 러닝:
케냐 이텐에서 찾은
나를 위한 달리기

2판 2쇄 발행 2023년 10월 7일

지은이 김성우
펴낸이 정지원
편집 강지웅
디자인 디오브젝트
일러스트 조대원

펴낸곳 노사이드
주소 서울시 성동구 서울숲2길 12-8, 3층
홈페이지 www.nosidestudio.com
이메일 hello@nosidestudio.com
출판 등록 2019년 4월 29일 (제2020-000022호)

ISBN 979-11-966994-1-3

- 이 책은 저작권법에 따라 보호를 받는 저작물이므로 무단전재와 무단복제를 금합니다.